FACULTE DE MÉDECINE DE PARIS

Année 1876 — N° 248

THÈSE

POUR

LE DOCTORAT EN MÉDECINE

Présentée et soutenue le 18 juillet 1876, à 2 heures,

PAR MARIE-VICTOR LOMÜLLER,

Né à Muttersholz (Bas-Rhin), le 17 janvier 1852,

Aide-major stagiaire au Val-de-Grâce.

DES

USAGES EXTERNES DU CHLORAL

Président : M. GOSSELIN, *Professeur.*

Juges : MM. CHARCOT, *professeur.* BROUARDEL, BOUCHARD, *agrégés.*

Le candidat répondra aux questions qui lui seront faites sur les diverses parties de l'enseignement médical.

PARIS

A. PARENT, IMPRIMEUR DE LA FACULTÉ DE MÉDECINE

31, RUE MONSIEUR-LE-PRINCE, 31

1876

FACULTÉ DE MÉDECINE DE PARIS

Doyen.................. M. VULPIAN.

Professeurs.................. MM.

Anatomie.................... SAPPEY.
Physiologie.................... BECLARD.
Physique médicale.................... GAVARRET.
Chimie organique et chimie minérale.................... WURTZ.
Histoire naturelle médicale.................... BAILLON.
Pathologie et thérapeutique générales.................... CHAUFFARD.
Pathologie médicale.................... AXENFELD. POTAIN.
Pathologie chirurgicale.................... DOLBEAU. TRELAT.
Anatomie pathologique.................... CHARCOT.
Histologie.................... ROBIN.
Opérations et appareils.................... LE FORT.
Pharmacologie.................... REGNAULD.
Thérapeutique et matière médicale.................... GUBLER.
Hygiène.................... BOUCHARDAT.
Médecine légale.................... TARDIEU.
Accouchements, maladies des femmes en couche et des enfants nouveau-nés.................... PAJOT.
Histoire de la médecine et de la chirurgie.................... PARROT
Pathologie comparée et expérimentale.................... VULPIAN.
Clinique médicale.................... N... SEE (G.). LASEGUE. HARDY.
Clinique chirurgicale.................... RICHET. GOSSELIN. BROCA. VERNEUIL.
Clinique d'accouchements.................... DEPAUL.

DOYEN HONORAIRE : M. WURTZ

Professeurs honoraires

MM. BOUILLAUD, le Baron J. CLOQUET et DUMAS

Agrégés en exercice.

MM.	MM.	MM.	MM.
ANGER.	DAMASCHINO.	GARIEL.	LE DENTU.
BERGERON.	DELENS.	GAUTIER.	NICAISE.
BLUM.	DE SEYNES.	GUENIOT.	OLLIVIER.
BOUCHARD.	DUGUET.	HAYEM.	RIGAL.
BOUCHARDAT.	DUVAL.	LANCEREAUX.	TERRIER.
BROUARDEL.	FARABEUF	LANNELONGUE.	
CHARPENTIER.	FERNET.	LECORCHE.	

Agrégés libres chargés de cours complémentaires.

Cours clinique des maladies de la peau.................... MM. N.
— des maladies des enfants.................... BLACHEZ.
— des maladies mentales et nerveuses.................... BALL
— de l'ophthalmologie.................... PANAS.
— des maladies des voies urinaires.................... GUYON.
Chef des travaux anatomiques.................... Marc SEE

Le Secrétaire de la Faculté : PINET.

Par délibération en date du 9 décembre 1798, l'Ecole a arrêté que les opinions émises dans les dissertations qui lui seront présentées doivent être considérées comme propres à leurs auteurs, et qu'elle n'entend leur donner aucune approbation ni improbation.

A MON PÈRE, A MA MÈRE

A MES FRÈRES

A MON ONCLE L'ABBÉ WETTERWALD

A MA FAMILLE

A MES AMIS

DES

USAGES EXTERNES DU CHLORAL

INTRODUCTION.

Ayant entendu vanter les bons résultats que les applications externes de l'hydrate de chloral avaient donnés à un grand nombre de praticiens, dans le traitement des plaies de mauvaise nature, des eschares, etc. ; notre curiosité fut vivement éveillée sur ce point, et nous nous proposâmes de faire de cette question le sujet de notre thèse inaugurale.

Nos recherches furent plus fécondes que nous eussions pu l'espérer au début. A mesure que notre travail avançait, nous trouvions de nouveaux matériaux d'étude : aussi notre tâche nous parut-elle de plus en plus difficile et étendue. Les différents points de vue auxquels la question peut être envisagée comporteraient chacun en particulier une étude approfondie et de grands développements. Il n'était malheureusement pas en notre pouvoir d'étendre outre mesure les proportions de ce travail, et nous sommes resté forcément incomplet sur bien des points.

Comme nous indiquons dans le cours de cette étude

les auteurs qui se sont successivement occupés de la question, nous ne voulons pas nous exposer à des répétions inutiles : nous nous contenterons donc de faire en très-peu de mots l'historique du chloral. Ce corps a été découvert en 1831 par Liebig, et est resté une curiosité de laboratoire pendant près de quarante ans. En 1869, Liebreich dota la médecine d'un nouveau médicament : il venait de reconnaître les propriétés physiologiques du chloral hydraté (1). Pendant longtemps les recherches des expérimentateurs français ne portèrent que sur les qualités éminemment hypnotiques et analgésiques de ce succédané de l'opium. Dès 1869 cependant, Richardson en Angleterre, vit le sang se coaguler sous l'influence des solutions concentrées, et se conserver indéfiniment, sans altérations apparentes, sous l'influence des solutions très-faibles. A partir de 1870 l'hydrate de chloral entra dans la pratique de divers chirurgiens italiens : Luigi Porta appliquait sa propriété coagulante à la cure radicale des varices; Francesco Parona, son action caustique au traitement de la blennorrhagie.

En 1871, Francesco Accettilla inaugure le traitement des plaies de mauvaise nature par des solutions concentrées de chloral ; il emploie même ces solutions contre l'angine diphthéritique. Les résultats obtenus par ces chirurgiens firent apprécier de plus en plus, en Italie, les qualités précieuses de l'hydrate de chloral comme topique.

Les travaux publiés en France par MM. Byasson et Follet, sur la propriété coagulante et antifermentescible,

(1) Le chloral anhydre, découvert par Liebig, n'est pas employé en médecine. Nous emploierons indifféremment l'une pour l'autre les expressions : chloral, chloral hydraté, hydrate de chloral.

par M. Magnaud sur l'action caustique ; par MM. Horand et Puech, sur la propriété analgésique locale du chloral, eurent peu de retentissement. L'attention des médecins français ne fut attirée sérieusement sur la question qu'à partir de la publication des travaux de MM. Dujardin-Beaumetz et Hirne sur les propriétés antiseptiques et antifermentescibles du chloral, en 1873. En 1874, la thèse très-bien faite de M. Coignard, énumérait longuement les applications externes du chloral. Aujourd'hui, il n'est presque plus d'hôpital où les propriétés topiques de ce médicament ne soient mises à profit.

Nous diviserons notre travail en trois chapitres : chacun d'eux se rapportera à l'une des trois propriétés principales de l'hydrate de chloral. Dans le premier, nous étudierons l'action modificatrice, le traitement des plaies et de quelques affections de la peau. Dans le second, nous étudierons l'action antiseptique, qui est sous la dépendance de la propriété coagulante. Enfin dans le troisième nous traiterons de l'action analgésique locale.

CHAPITRE PREMIER.

ACTION MODIFICATRICE DU CHLORAL.

Dans ce chapitre, nous étudierons le rôle que jouent les diverses solutions et préparations d'hydrate de chloral dans la cicatrisation des plaies.

Mais avant d'entrer en matière, il est nécessaire de faire connaître l'action physiologique de cet agent. Cette action a été mise en lumière par divers expérimentateurs, entre autres par M. Magnaud, dans sa thèse (1). Le chloral

(1) Magnaud. Recherches sur les propriétés physiologiques du chloral hydraté. Thèse de Paris. 1871.

hydraté est un caustique très-énergique : placé en nature ou à l'état de solution concentrée sur la peau humide, on voit bientôt se former une phlyctène dont la profondeur varie avec la durée de l'application, et qui peut même faire place, au bout d'un certain temps, à une véritable eschare. Cette action est bien plus énergique encore sur les muqueuses, sur la peau dépourvue de son épiderme, et à la surface des plaies ; les eschares formées sont grises, molles et semi-transparentes.

La douleur qu'occasionne cette application est extrêmement intense, et peut être comparée à celle des caustiques les plus énergiques ; elle peut durer une ou deux heures. La causticité de ces solutions diminue avec leur concentration ; au cinquantième et surtout au centième, leur action se réduit à une excitation légère, à une simple rougeur des tissus avec lesquels on les met en contact ; la sensation qui en résulte est très-supportable.

Injectées sous la peau, les solutions concentrées sont susceptibles d'occasionner les plus graves désordres. Outre une douleur très-intense, on voit bientôt survenir de la rougeur, une inflammation violente, de la gangrène du tissu cellulaire et de la peau autour du point piqué et quelquefois même un phlegmon diffus. Aussi, après un petit nombre de tentatives faites par des praticiens pour remplacer les injections sous-cutanées de morphine par des injections de chloral, a-t-on renoncé à un moyen aussi dangereux.

Les muqueuses, sous l'influence desvpeurs dégagées par l'hydrate de chloral, prennent uneteinte blanchâtre, opaline, due à une mortification superficielle. Les cils vibratiles des voies respiratoires perdent leurs mouvements, la cornée devient opaque et se couvre d'un leucôme généralisé.

Dans cette partie de notre travail, nous parlerons successivement du traitement par le chloral; des plaies simples, des ulcères atoniques, des divers accidents scrofuleux et syphilitiques et d'un certain nombre de maladies de peau et des muqueuses.

§ 1. — *Plaies simples.*

Jusque dans ces derniers temps l'usage du chloral, comme mode de pansement, avait été presqu'exclusivement reservé pour les plaies de mauvaise nature, ayant peu de tendance à la cicatrisation et présentant un vilain aspect. C'est à M. le professeur agrégé Marc Sée, que revient le mérite d'avoir fait connaître tous les avantages que la chirurgie pouvait retirer du pansement des plaies simples, au moyen des solutions de chloral au centième. Nous avons pu voir, dans son service de la Maison municipale de santé, toute l'importance des résultats obtenus dans le traitement de ces plaies tant chirurgicales que traumatiques. Nous sommes heureux de pouvoir remercier publiquement ici cet habile chirurgien, pour la gracieuseté qu'il a mise à nous renseigner sur la question et à nous faire voir les malades de son service.

Les plaies simples pansées au chloral prennent un très-bel aspect, elles ont une grande tendance à la réunion immédiate et à une réparation rapide. Si la réunion immédiate est impossible, soit par défaut d'une étendue suffisante de tégument, soit par toute autre cause, la plaie prend un aspect rosé et vermeil, les bourgeons charnus sécrètent un pus bien lié, de bonne nature;

exempt de toute espèce de fétidité. Les bords restent nets, ne se décollent point, ne présentent pas la moindre trace d'inflammation. Au point de vue de la rapidité de la cicatrisation, ce pansement ne laisse rien à désirer. Nous avons pu voir plusieurs cas d'extirpation du sein, dont la guérison marchait aussi vite que possible. L'une de ces malades opérée depuis cinq jours, présentait au moment de notre examen une cicatrisation à peu près complète par première intention.

Dans le même service se trouvait une vieille femme, débilitée et cachectique, amputée de la jambe pour un cancroïde du pied, dix jours auparavant. On fit d'abord un pansement à la glycérine ; mais la plaie ne tarda pas à prendre un mauvais aspect, la suppuration devient sanieuse et fétide. L'usage des lotions et du pansement au chloral firent disparaître promptement ces symptômes inquiétants.

Nous verrons la seconde partie de ce travail que M. Marc Sée emploie non-seulement le chloral comme mode de pansement, mais qu'il en fait son agent antiseptique par excellence.

Erasmo de Paoli (1) a déjà fait observer en 1873 qu'avec les solutions faibles de chloral, on pourrait obtenir de bons effets dans le traitement des plaies de toute nature.

D'autres médecins des hôpitaux, ont recours, avec profit, à ce mode de pansement. Nous l'avons vu employer dans le service de M. Cusco, à l'Hôtel-Dieu, et dans celui de M. Panas, à l'hôpital Lariboisière. Dans ce dernier, nous avons pu voir une vaste plaie prove-

(1) Giornale ital. dell mall. ven. apr., 1873. Coignard. Thèse de Paris, 1874, p. 56.

nant de l'ablation d'un testicule cancéreux, qui s'est fermée avec une rapidité extraordinaire ; il a fallu moins de huit jours pour obtenir ce résultat.

Les chirurgiens anglais semblent entrer dans la même voie. Le Dr Clément Lucas, chirurgien de Guy's Hospital (1), n'a eu qu'à se louer de l'usage du chloral en pansement, dans un cas de blessure de la face antérieure du genou. Le traitement fut institué dès le début.

§ II. — *Ulcères atoniques.*

De nombreux moyens ont été mis en usage, pour rendre quelque vitalité à ces vieux ulcères rebelles et atoniques, que l'on rencontre si souvent dans la pratique hospitalière. Ces affections se produisant sous l'influence de tant de causes diverses, leurs variétés étant si nombreuses, la débilitation générale de l'organisme entrant aussi souvent pour beaucoup dans la persistance et l'extension de ces lésions, leur traitement est souvent très-difficile et très-complexe. Aussi n'avons nous pas la prétention de faire du chloral un spécifique absolu des ulcères. Mais il est incontestable que ce médicament est un modificateur puissant de la surface sanieuse et putride de ces plaies. Il les déterge avec une rapidité extraordinaire et dès les premiers jours de son emploi, on voit les tissus auparavant livides et de mauvais aspect, reprendre de la vitalité, se couvrir de bourgeons charnus, un pus louable remplacer le pus séreux et mal lié qui s'en écoulait. Les solutions du nitrate d'argent et l'eau de Labarraque ont certainement une action analogue, mais

(1) *The Lancet*, 16 octobre 1875, p. 558. — *Bulletin de thér.*, 1876. 1er sem., p. 277.

leurs effets ne sont pas aussi rapides; aucun agent n'est capable de donner un aussi violent coup de fouet aux tissus et de les exciter aussi vivement que le chloral.

Les solutions au centième sont préférables aux solutions au cinquantième. Ces dernières sont déjà trop irritantes et l'on risque, en les employant, de dépasser le but et d'enflammer les parties ; elles peuvent causer aux malades une véritable douleur.

Il va sans dire, que le repos est ici comme dans les autres traitements un auxiliaire précieux, et sans lequel on ne peut guère espérer une cicatrisation complète. De plus, on se voit souvent contraint, après une période de modification rapide, d'abandonner le chloral ; le travail réparateur s'arrêtant brusquement. Il faut alors recourir à d'autres moyens : les greffes épidermiques, l'onguent styrax, le pansement par occlusion, etc.

L'observation suivante que nous empruntons à la thèse de M. Coignard, est remarquable tant au point de la rapidité de la détersion que de la promptitude de la cicatrisation :

Observation I.

G... (Antoine), cocher, 38 ans, couché au n° 5 de la salle Saint-Jean, hôpital Necker, a déjà eu, il y a cinq ans, une plaie étendue sur la partie antérieure de la jambe gauche, à la suite du passage d'une voiture sur ce membre.

Cet homme est du reste atteint de varices assez volumineuses et porte des bas élastiques. Les ayant quittés pour les faire laver, il ne tarde pas à voir ses jambes enfler, et après quelques jours, une ulcération se développait à la partie postérieure de la jambe gauche. Malgré cette ulcération il continua à vaquer à ses occupations pendant une semaine jusqu'au 10 mars, jour où il entra à l'hôpital Necker.

(1) Coignard. Thèse de Paris, 1874.

Examiné le lendemain, il présente un ulcère à la région postérieure de la jambe gauche, un peu au-dessous de la partie moyenne. Cet ulcère offre à peu près l'étendue de la paume de la main, avec les bords sinueux et gonflés, et un fond inégal et grisâtre, d'où s'écoule un pus sanieux mêlé d'un peu de sang.

On commence le jour même le pansement avec la solution de chloral au centième. Dès le lendemain, il y a déjà de l'amélioration, les bords sont un peu affaissés, et le fond commence à se déterger.

Le 13. Le mieux continue ; on commence à faire le pansement deux fois le jour.

Le 14. Le fond de l'ulcère est parfaitement nettoyé, d'une belle coloration rose et commence à bourgeonner.

Les jours suivants, le fond de la plaie s'élève et s'égalise, tandis que la cicatrisation commence sur les bords.

Le 19. La plaie a déjà diminué de moitié, et la partie centrale dépasse un peu le niveau des bords. On continue le chloral.

Les jours suivants, la cicatrisation semble subir un temps d'arrêt, la plaie est souvent rouge et un peu saignante.

28 mars. La cicatrice s'avance peu à peu du centre vers les bords ; l'exubérance des bourgeons charnus oblige à pratiquer une légère cautérisation.

Le 31. La plaie est réduite aux dimensions d'une pièce de 50 centimes.

5 avril. La plaie est complètement cicatrisée.

Le Dr Clément Lucas (1), de Londres, se loue beaucoup des pansements au chloral comme stimulant et désinfectant. Il les a employés dans plusieurs cas d'ulcères variqueux. Il cite entre autres l'observation d'une femme de 50 ans, entrée dans son service le 8 septembre 1875. Cette femme était affectée de varices depuis vingt ans et d'ulcères depuis dix ans. Les ulcères qui l'amenaient à l'hôpital, durant depuis quatre ans, étaient au nombre de deux à la face antérieure et externe de la jambe gauche. Ces ulcères ovales, irréguliers, profon

(1) *The Lancet*, 16 octobre 1875, p. 558. — *Bulletin de thér.*, 30 mar 1876, p. 277.

dément excavés et fongueux par place, avaient des bords épais, élevés et renversés. Sous l'influence du pansement avec la solution d'hydrate de chloral au centième, il se produisit une détersion rapide; l'épidermisation commença alors que le niveau de l'ulcère était encore bien au-dessous de celui de la peau voisine. La plus petite des deux ulcérations fut cicatrisée au bout de quinze jours, l'autre était en bonne voie de guérison.

Les résultats ne furent pas moins avantageux chez un homme de 54 ans, porteur de blé, atteint d'ulcères variqueux depuis dix ans. Il présentait à son entrée à l'hôpital des ulcères excavés, à surface fongueuse, répandant une odeur fétide. Les jambes étaient tuméfiées et enflammées. L'application des solutions de chloral amena les mêmes modifications que dans le cas précédent.

M. le professeur Vallin emploie souvent les pansements au chloral, à l'hôpital du Val-de-Grâce. Au mois de mai dernier, entrait dans son service un médecin de la marine, venant de nos colonies d'Afrique. Envoyé au Gabon au printemps 1875, il fut atteint au bout de trois mois de séjour, de trois ulcères à la région interne et inférieure de la jambe gauche près de la malléole. Ils débutèrent par de petites élevures; le prurit que ces dernières lui causaient le forcèrent à se gratter violemment : il se fit de petites ulcérations qui s'étendirent rapidement et ne tardèrent pas à prendre un aspect gangréneux et phagédenique. On le traita par tous les moyens usités en pareil cas. On le pansa successivement à l'alcool qui resta sans effet, à la teinture d'iode qui provoqua une vaste inflammation, avec la poudre de camphre recouverte de charpie imprégnée elle-même d'une solution phéniquée. Ce dernier pansement réussit mieux, mais l'amélioration ne fut que passagère. Sur ces entrefaites il fut pris d'accès de fièvre intermittente qui l'obligèrent à entrer à l'hôpital de Gorée, où il resta cinq semaines. Ses ulcères traités par occlusion se cicatrisèrent à moitié, mais se rouvrirent bientôt à bord du navire qui le ramenait en France. Après avoir passé quelques jours dans sa famille, voyant que les accidents s'aggravaient de plus en plus, il entra au Val-de-Grâce.

A son entrée dans nos salles, la plaie présentait le plus mauvais aspect, les bords étaient mollasses, découpés, taillés à pic, le fond couvert d'un putrilage sanieux. Les pansements à la poudre de camphre essayés au début, ne donnèrent aucun résultat. Dès qu'on mit en usage le chloral, la modification fut subite et la cicatrisation fit des progrès rapides ; malgré l'état général très-mauvais du malade, dont la constitution est profondément débilitée par le séjour aux colonies. On fit en même temps quelques cautérisations au nitrate d'argent pour réprimer les bourgeons charnus. Au bout de trois semaines, l'ulcère était fermé. La préparation usitée dans ce cas a été la suivante :

Hydrate de chloral...........	1	grammes.
Glycérine....................	30	—
Eau..........................	50	—

Nous verrons dans la suite, que M. Dujardin Beaumetz (1) s'est servi en diverses circonstances de glycérolé de chloral à titres variables.

Le fait que nous venons d'exposer montre bien toute l'importance des applications externes de chloral et de

(1) *Bulletin de thér.*, 1873, 30 juillet.

son action éminemment substitutive. Cette dernière expression, quoiqu'un peu surannée, n'en exprime pas moins une idée très-précise et très-juste.

§ III. — *Affections de nature strumeuse.*

Nous trouvons dans le bulletin de thérapeutique, une observation (1) très-remarquable de lupus scrofuleux du nez. Cette observation a été communiquée par le Dr Créquy à M. Dujardin Beaumetz. M. Créquy emploie beaucoup le chloral dans sa pratique ; il est un des premiers médecins français qui aient expérimenté ce médicament, il en a fait plusieurs fois l'objet de communications importantes, soit à la Société de thérapeutique, soit dans les journaux, et n'a qu'à se louer de son usage. Nous aurons encore plusieurs fois l'occasion, dans ce travail, d'emprunter à la pratique de ce chirurgien des résultats très-intéressants ; nous aurions pu le citer dans le paragraphe, précédent comme partisan des pansements au chloral dans les vieux ulcères (2).

En 1875, M. Créquy (3) fait connaître un second cas de lupus guéri par le chloral. Cette affection durait depuis nombre d'années et avait résisté à tous les traitements. Des applications journalières de charpie emprégnée de solution au vingtième, amenèrent la guérison. Nous verrons que dans le cas de l'observation suivante, M. Créquy ne s'est servi que de solution au centième.

(1) Dujardin-Beaumetz. Des applications externes du chloral et du melochloral. — Bulletin de thérapeutique, 30 juillet 1873.

(2) Bulletin de thérap., 2e sem. 1875. — Société de thérap., 13 juillet 1875.

(3) Bulletin de thérap., 1875, 2e sem., p. 271.

Dans une affection aussi rebelle que le lupus, les solutions concentrées sont indiquées.

Observation II.

Lupus scrofuleux du nez, cautérisation avec le nitrate acide de mercure ; pansement avec la solution de chloral au centième.— Guérison en 27 jours.

La nommée X..., âgée de 37 ans, est atteinte depuis plusieurs années d'un lupus du nez de nature scrofuleux. Elle a eu recours à plusieurs médecins pour obtenir la cicatrisation d'une partie de l'ulcération, mais il reste une petite plaie longue d'environ 12 millimètres, large de 6, occupant le sillon qui sépare l'aile du nez de la joue. Les nombreuses médications employées ayant échoué, elle s'est résignée à ne plus rien faire.

Le hasard m'ayant appelé à donner des soins à cette dame pour une autre maladie, je lui proposai d'essayer de la guérir de cette ulcération du nez, qui paraissait la préoccuper beaucoup.

Le 15 avril dernier, j'enlève les petites croûtes qui entourent la plaie, que je cautérise avec le nitrate acide de mercure ; je panse ensuite, soir et matin, la plaie avec un petit plumasseau de charpie, trempé dans une solution de chlorale au centième, que je maintiens à l'aide d'un morceau de diachylon des hôpitaux ; douze jours plus tard, la plaie était réduite de moitié ; je pratique une nouvelle cautérisation avec le nitrate acide, et je continue le même pansement au chloral. Au bout de quinze jours, la cicatrisation est complète, le traitement a duré moins d'un mois.

Le fait de M. Créquy, peut ne pas paraître très-concluant, à cause de l'usage du nitrate acide de mercure, au moyen duquel on fit deux cautérisations dans le cours du traitement. Il faut remarquer cependant que ces cautérisations ont été faites deux fois seulement dans le mois qu'a duré le traitement.

Au chloral revient, à n'en pas douter, la plus grande part dans la guérison.

L'observation suivante est du reste bien faite pour répondre à l'objection; elle nous montre un cas d'esthiomène, que les pansements au chloral ont seuls pu modifier et guérir. L'esthiomène, qui est un véritable lupus des parties génitales chez la femme, a une gravité aussi grande, si ce n'est plus grande, que l'affection analogue de la face. Il résiste le plus souvent à tout traitement; s'étend de plus en plus et produit les difformités les plus hideuses.

Le début de l'observation que nous relatons se trouve dans le *Bulletin de thérapeutique*, et est due à M. Dujardin-Beaumetz (1). Nous citons ses propres termes :

« Nous avons fait à l'hôpital Beaujon, dans notre service, des applications externes de chloral, dans un cas d'esthiomène de la région inguinale droite. Cette plaie envahissante qui, depuis deux ans, résistait à toute espèce de traitement, a paru se modifier rapidement par des cautérisations avec des crayons de chloral, répétées deux fois par jour. Ces cautérisations, d'ailleurs assez douloureuses, avaient amené le bourgeonnement général de la plaie et la production, en une quinzaine de jours, d'une cicatrice résistante au milieu même de la plaie. Un fait d'indiscipline nous ayant forcé de congédier cette malade, nous n'avons pu malheureusement avoir la suite de cette observation. »

M. le Dr Coignard a été assez heureux pour trouver la fin de cette observation; nous l'empruntons à sa thèse (1).

(1) Bulletin de thérap., 30 juillet 1873. *Loc. cit.*

(1) Coignard. *Loc cit.* Obs. XIII.

Observation III.

Deux mois après sa sortie de Beaujon, cette femme, voyant son ulcère reprendre un nouveau développement, entra à l'hôpital Lariboisière.

Après six mois de traitement par les bains sulfureux et l'occlusion par le diachylon, la plaie était cicatrisée.

La malade rentra chez elle, et reprit son travail de blanchisseuse. L'esthiomène ne tarda pas à se produire, et malgré un pansement régulier au vin aromatique et au diachylon, fit des progrès tellement effrayants, que la malade se décida à rentrer à l'hôpital. Elle fut reçue le 31 décembre 1873, à l'Hôtel-Dieu, dans le service de M. Dujardin-Beaumetz.

2 janvier. — *Etat actuel.* — L'esthiomène occupe toute la région inguinale droite, la partie supérieure de la cuisse et la partie inférieure de la région abdominale. Il est étendu obliquement suivant l'axe du pli de l'aine et présente environ 9-10 centimètres de longueur sur 5-6 de largeur. La profondeur est d'environ 5 centimètres. Les bords sont irréguliers, déchiquetés et décollés dans une étendue variable; le fond est inégal, blafard, couvert par endroits de détritus gangréneux. La plaie exhale une odeur infecte et rend un pus sanieux.

On commence, le 2 janvier, à laver la plaie avec une solution de chloral au centième, et on la panse avec de la charpie imbibée de la même solution.

Les jours suivants, la mauvaise odeur disparaît ; mais le fond de la plaie ne se nettoie que lentement et conserve un aspect blafard.

Le 15. Même pansement; on pratique, en outre, avec le crayon de chloral, des cautérisations que l'on renouvelle tous les deux jours.

Le 21. Amélioration. Le fond de la plaie bourgeonne en certains points et prend un aspect rosé.

Les jours suivants, l'amélioration continue; les bords de l'ulcère sont plus réguliers, le fond s'élève ; et le 31 janvier, on peut voir un point cicatriciel, qui s'est formé d'un bord à l'autre de la plaie, et qui la divise en deux parties, l'une, externe et supérieure, et l'autre interne et inférieure. C'est alors qu'on essaie de substituer aux cautérisations l'usage du métachloral dont on saupoudre l'ulcère tous les deux jours. L'application en est très-douloureuse et arrache des cris à la malade; bientôt l'action trop énergique de ce médicament détruit en partie le pont précédemment formé et force à renoncer à son emploi. On reprend la cautérisation au crayon de chloral tous les deux jours.

21 février. La cicatrice gagne de chaque côté du pont formé ; le fond s'élève et l'ulcère présente l'aspect d'une plaie en bonne voie de cicatrisation. Mais, vers l'angle externe, la paroi abdominale présente une tuméfaction, une rougeur diffuse et de la douleur ; ce qui donne à penser que le mal gagne de ce côté. En effet, dans les premiers jours de mars, il s'établit en ce point de la suppuration et des trajets fistuleux, dans lesquels on peut enfoncer un stylet à 4 ou 5 centimètres de profondeur. Des injections avec la solution au centième et des cautérisations avec le crayon de chloral arrêtent bientôt le travail destructeur.

Pendant ce temps, la partie inférieure s'est cicatrisée, et l'on constate le 10 mars, que la partie supérieure s'est de beaucoup rétrécie. La malade touchait à la guérison, lorsque, par suite des modifications apportées dans les services de l'Hôtel-Dieu, elle dut quitter l'hôpital.

Remarquons l'effet énergique des crayons de chloral, dont l'action excitante et caustique est bien supérieure à celle des solutions employées par M. Créquy dans son cas de lupus. Les cautérisations au crayon de chloral auraient probablement remplacé l'action du nitrate acide de mercure. Dans le cas de M. Beaumetz, les cautérisations ont été combinées avec les lavages et les injections à la solution au centième. Ces dernières ont produit, outre la modification de la plaie, une désinfection rapide. Nous donnerons dans la seconde partie de ce travail d'amples détails sur la propriété désinfectante du chloral.

Les crayons d'hydrate de chloral, dont parle M. Coignard dans l'observation précédente, avaient été imaginés par M. Dujardin-Beaumetz, ils étaient entourés de gutta-percha. Mais ils s'altéraient très-vite, l'enveloppe ne prévenant pas la fonte du chloral sous l'influence de l'humidité.

Les bougies de chloral, enduites de paraffine de M. Limousin, étaient supérieures aux précédentes, mais très-susceptibles à la température extérieure. Aussi M. Limousin (1) a-t-il remplacé, dans ces bougies, le chloral par le métachloral. On a, de cette façon, un agent très-commode pour cautériser la surface des plaies, la conjonctive, le col utérin, et qui n'a aucun des inconvénients précédents. Nous savons déjà que le métachloral est un corps isomérique du chloral ; il est insoluble dans l'eau, et par conséquent moins énergique. Il a été signalé pour la première fois aux praticiens par M. Limousin et Dujardin-Beaumetz.

Nous trouvons dans la thèse de M. Coignard un cas de guérison d'adénite strumeuse, guérie par les applications de solutions très-concentrées : 10 gr. de chloral pour 30 gr. d'eau. Ce fait est emprunté à Erasmo de Paoli (2). Les Italiens emploient en général des solutions trop fortes. C'est un abus qu'il faut éviter.

Observation IV.

Il s'agit d'un bubon qui s'était développé spontanément chez un individu de constitution délicate. Un des testicules était encore engagé dans le canal. L'inflammation gagna la glande séminale et il s'y forma de nombreux trajets fistuleux ; elle prit un énorme développement et un aspect fongueux ; une forte hémorrhagie qui se produisit ne put être arrêtée qu'en allant chercher, à l'aide d'une incision profonde, le vaisseau qui donnait du sang.

En vue de modifier la surface de la plaie, on fit des applications de chloral. Sitôt le traitement commencé, une amélioration sensible se manifesta, la plaie se modifia promptement, et après vingt jours de traitement, elle était réduite à un petit trajet fistuleux qui réunissait deux petites ulcérations à très-bon aspect et bien recouvertes de bourgeons charnus. »

(1) Société de thér., 1874. Coignard, *loc. cit.*
(2) Giornale ital. della malla. vener., apr. 1873.

Dans un cas analogue chez un individu cachectique atteint de bubon de forme serpigineuse, les pansements au chloral amènent promptement le bourgeonnement et la cicatrisation (Erasmo de Paoli).

Nous avons voulu nous assurer par nous-même de l'efficacité des solutions de chloral dans le pansement des plaies présentant mauvais aspect. M. le professeur Gaujot nous permit d'instituer ce traitement dans un cas d'adénite suppurée, chez un jeune soldat d'une constitution manifestement molle et lymphatique. L'affection avait débuté six semaines avant son entrée à l'hôpital par l'engorgement d'un ganglion situé un peu au-dessus de la clavicule, en arrière des attaches du sterno-mastoïdien, et cela, sous l'influence du choc du fusil, au tir à la cible. Le ganglion grossit rapidement, le tégument rougit à ce niveau, une eschare se forma. A son entrée, il présente une plaie ovale, horizontale, ayant très-mauvais aspect. Les bords sont rouges, tuméfiés, taillés à pic, le fond de la plaie est couvert d'un exsudat grisâtre. Sous l'influence d'un pansement journalier. avec de la charpie imprégnée d'une solution de chloral aux deux centièmes (1), une modification rapide ne tarde pas à se faire : les bords perdirent en partie leur teinte livide ; le fond se détergea et se couvrit de bourgeons charnus rosés ; l'étendue de la plaie, qui était au début de 3 à 4 centimètres diminua de près du tiers. Au bout de quinze jours de ce traitement, le travail de réparation s'arrêta. Le ganglion restait volumineux et ne se vidait pas ; dans ces conditions, la cicatrisation ne pouvait se

(1) Rem. Au moment de l'application, le malade éprouvait une assez forte sensation de brûlure, qui disparaissait quelques minutes après.

faire. On recourut plus tard à des applications sur le ganglion de caustique Filhos, et nous perdîmes de vue le malade.

La détersion et la modification rapide furent obtenus dans ce cas comme dans les précédents. Le gonflement ganglionnaire et périganglionnaire persistant, la guérison ne pouvait évidemment être obtenue par le seul moyen du chloral.

§ IV. — *Accidents de nature vénérienne.*

Francesco Accettella inaugura en Italie la méthode de traitement des plaies de mauvaise nature, spécialement des ulcères vénériens invétérés. Il publia en 1871, dans un journal italien (1), les résultats obtenus par lui.

Il employa le chloral comme topique, en solution très-concentrée, sur des ulcères anciens, que ni le nitrate acide de mercure, ni la pâte carbosulfurique, ni d'autres caustiques très-actifs n'avaient pu guérir. Le résultat a dépassé son attente. Dès les premières applications, le fond de l'ulcère se détergeait, des bourgeons sains se développaient, et l'ulcère se transformait en une plaie simple.

Voici les résultats de 79 cas :

7 ulcérations invétérées, guéries en 9-6 jours.

49 ulcères mous, guéris en 8-14 jours.

3 ulcères mous compliqués de diphthérite guéris en 18-29 jours.

5 ulcères mous, compliqués de phagédénisme, guéris en 24-35 jours.

(1) *Gaz. méd.* lomb. ott ; 1871.

5 ulcères infectants primitifs guéris en 15-20 jours.

Parmi les cas d'ulcères phagédéniques, il en note spécialement deux qui, depuis douze à quinze mois, avaient résisté à tous les traitements locaux, quoique les femmes qui en étaient atteintes fussent douées d'une bonne constitution.

La solution employée était la suivante :

Hydrate de chloral...........	5 grammes.
Eau distillée................	20 —

Il étendait légèrement, avec un pinceau, cette solution sur la surface de l'ulcère. Pour les érosions et les ulcérations simples, la solution était plus diluée (1).

M. Dujardin-Beaumetz expérimenta bientôt en France un mode de pansement, qui donnait en Italie de si brillants résultats. Il appliqua, avec succès, l'hydrate de chloral en solutions au centième, et le glycerolé de chloral au dixième, contre les plaques muqueuses qui se montrent en si grand nombre, dans certains cas, autour de l'anus et des parties génitales.

M. Coignard (2) cite dans sa thèse l'observation d'un malade du service de M. Mauriac, à l'hôpital du Midi. Cet homme, syphilitique depuis quatorze mois, et qui n'avait jamais suivi de traitement mercuriel, portait à l'anus des plaques muqueuses confluentes et végétantes durant depuis trois mois. La guérison eut lieu en quinze jours sous l'influence de trois pansements à la solution de chloral au centième par jour. En outre, on prescrivit deux pilules de protoiodure par jour, et un bain de sublimé tous les deux jours.

(1) *Gaz. méd.* belge, oct. 1871.
(2) Coignard, *loc. cit.*

Nous venons de voir que Francesco Accetella se sert de solutions au quart. Elles sont trop concentrées, et leur action est plus douloureuse que celle du nitrate d'argent ; la sensation de cuisson dure une demi-heure à une heure.

On a obtenu en France, pour le traitement des chancres et ulcères phagédéniques de très-bons résultats avec des solutions bien plus diluées. Nous trouvons dans la communication que MM. Dujardin-Beaumetz et Hirne (1), firent à la Société des hôpitaux au commencement de l'année 1873, un fait puisé à la clinique de M. Cadet de Gassicourt à l'hôpital Saint-Antoine, qui nous montre la guérison d'un chancre phagédénique obtenu fort rapidement (trente jours) chez une femme de 27 ans, par l'application d'une solution de chloral au cinquantième. La marche envahissante de cette plaie qui, en moins de six jours, avait fait des progrès considérables, s'arrêta subitement dès les premières applications de charpie, imbibée de la solution chloralée. Le fond sanieux, formé de tissus mortifiés et de lambeaux de tissu cellulaire sphacélé, fut remplacé par des bourgeons charnus de bonne nature. La fétidité disparut.

Un deuxième fait très-intéressant, en ce qu'il met en regard l'action de l'iodoforme et celle du chloral se trouve consigné dans le Bulletin de thérapeutique (2). Cette observation a été recueillie par M. H. Petit dans le service de M. Verneuil.

Nous ne citons que cette dernière ; elles sont relatées toutes deux dans la thèse de M. Coignard.

(1) *Union médicale*, 1873.

(2) Bulletin de thér., 1873, 2e sem., p. 181.

Observation V.

Ulcérations chancreuses. — Phagédénisme. — Bons effets d'abord de la poudre d'iodoforme, puis état stationnaire. — Pansements avec une solution d'hydrate de chloral. — Guérison.

B.... (Henry), 33 ans, entré à l'hôpital de la Pitié, dans le service de M. Verneuil, salle Saint-Louis, n° 35, le 20 mai 1873.

Il raconte qu'un mois avant son entrée, il lui survint à l'aine du côté gauche, deux tumeurs d'abord petites, puis plus volumineuses, peu douloureuses spontanément, mais très-douloureuses au toucher et pendant la marche. Il dit qu'il ignore la cause de l'apparition de ces tumeurs, qui n'étaient autres que des ganglions engorgés; mais il est probable qu'elles étaient dues à un petit chancre resté inaperçu du malade. Trois jours après l'apparition de ces ganglions, il se forma un petit bouton sur la partie gauche du scrotum; ce bouton augmenta aussi de volume, acquit bientôt celui d'une noisette et la peau blanchit. Le bubon fut traité par l'application d'emplâtre de Vigo et ouvert au sixième jour. Il en sortit beaucoup de sang et très-peu de pus. Quant au bouton, le malade l'ouvrit avec une épingle, il en sortit du pus. Chacune de ces ouvertures donna naissance à une plaie, et ces plaies, au lieu de se cicatriser, s'agrandirent de jour en jour. Elles devinrent le siége de douleurs tellement vives, que le malade était privé de sommeil. Pendant trois semaines, on pansa ces ulcérations avec des cataplasmes, puis avec de la charpie imbibée de vin aromatique et qu'on recouvrait de cataplasmes; on ne put arrêter la marche de ces ulcérations.

A l'entrée à l'hôpital, l'ulcération inguinale avait à peu près les dimensions suivantes: longueur, 6 centimètres; largeur, 2 centimètres à la partie moyenne; profondeur, environ 1 centimètre et demi. Les bords violacés, décollés, le fond grisâtre, mais il n'y avait aucune trace de bourgeons charnus. L'ulcération de la peau du scrotum était presque arrondie, à bords irréguliers, violets et décollés; elle avait la dimension d'une pièce de 2 francs.

Du 20 mai au 4 juin, on panse les deux plaies, plusieurs fois par jour, avec de l'iodoforme en poudre. Les ulcérations cessent dès lors de s'étendre; elles sont beaucoup moins douloureuses; le malade peut dormir; mais il ne manifeste aucune tendance à la cicatrisation.

Le 4. M. Verneuil, ayant eu connaissance des résultats obtenus par M. Dujardin-Beaumetz dans le traitement de certains ulcères atoniques par la solution d'hydrate de chloral, fait panser la plaie avec une dissolution au centième.

On imbibe de la charpie avec cette solution et on en remplit les ulcérations. A partir de ce moment, la cicatrisation commence, non par bourgeonnement, mais par épidermisation progressive de la surface ulcérée. Le travail de réparation est un peu lent mais il se fait d'une façon continue.

Le 21. On s'aperçoit que le malade, qui se panse lui-même, ne remplit pas exactement les anfractuosités de la plaie du scrotum ; il ne garantit pas bien non plus les parties voisines de la suppuration ; d'où production d'une autre petite ulcération au voisinage de la première. Un pansement plus attentivement fait ne tarde pas à en amener la cicatrisation.

Quant à la plaie de l'aîne, elle continue à s'épidermiser, et le 30 juin, on constate qu'elle est de moitié moins profonde qu'à l'époque de l'entrée ; il reste un sillon d'environ 4 centimètres de long sur 1 de large, recouvert entièrement d'épiderme. La peau forme au-dessus une sorte de repli dont un des côtés est libre, tandis que l'autre continue avec la peau de la région inguinale.

B.... gardera les traces indélébiles du chancre mou inguinal. Il est sorti guéri de l'hôpital.

A propos de l'iodoforme, que nous venons de voir employé sans succès dans l'observation précédente, nous croyons utile de dire que M. Dujardin-Beaumetz (1) le remplace avantageusement par le métachloral en poudre. Ce dernier médicament a l'avantage outre de donner de meilleurs résultats, de n'avoir pas l'odeur si pénible de l'iodoforme.

Observation VI.

Adénite inguinale suppurée.

C'est un jeune homme de 20 ans qui se présente à nous affligé de blennorrhagie avec un large chancre du frein de la rainure préputiale ; adénite à gauche, avec fluctuation évidente.

(1) *Bulletin de thérapeutique*, 1876, 1er semestre, p. 86. Société de thérapeutique.

La blennorrhagie fut traitée par les moyens ordinaires. Quant au bubon, il fut ouvert aussitôt, et après l'écoulement d'une grande quantité de pus mal lié et sanieux, on constata, au moyen du stylet, un vaste décollement.

Des lavages à l'eau alcoolisée, phéniquée, furent aussitôt pratiqués; mais trois jours après, la plaie ayant pris un aspect chancreux, le fond restant toujours grisâtre, atonique, j'eus recours à l'emploi du chloral en solution au vingtième; l'application fut douloureuse, et le malade éprouva, durant un quart d'heure environ, comme la sensation d'une violente brûlure, mais bientôt le calme se rétablit complètement.

Dès le lendemain, la plaie avait déjà changé d'aspect, et on apercevait dans le fond de petits points rouges, granités. Le même pansement fut renouvelé, et trois jours après, l'amélioration devenait évidente.

La solution fut alors étendue au cinquantième; les lavages furent répétés régulièrement trois fois le jour, et le sixième, la plaie était fermée. Quant au chancre, traité par une solution caustique de chloral au dixième, il perdit rapidement sa marche envahissante et se cicatrisa en six jours.

Cette observation est tirée de la monographie de M. Lissonde (1), elle est assez concluante pour que nous n'ayons pas besoin d'insister sur le traitement des bubons suppurés. L'importancedu traitement au chloral dans ces affections peut être prévue d'après ce que nous avons dit précédemment. M. Coignard cite plusieurs observations dont les résultats sont analogues à ceux de l'observation 6.

M. Dujardin-Beaumetz (2) dans son Mémoire, dit quelques mots d'une syphilide ulcéreuse profonde de la région dorsale chez un jeune employé de commerce de 27 ans. L'ulcération qui résistait depuis de longues an-

(1) Lissonde. Du chloral hydraté. Etude chimique, physiologique et thérapeutique.

(2) *Bulletin gén. de thérap.*, 30 juillet 1873.

nées à toute espèce de traitement, fut rapidement modifiée par les pansements au chloral (solution au centième).

§ V. — *Maladies de peau.*

Un modificateur aussi énergique que le chloral, ne pouvait pas rester sans effet sur ces affections superficielles de la peau, qui résistent souvent d'une façon si persistante à l'emploi de tous les topiques. Des médecins italiens en avaient fait usage dès les premiers temps de sa découverte dans les cas d'eczéma chronique et de prurigo.

En 1872, il a été employé avec succès dans l'eczéma chronique par un médecin américain (1). Il se servait d'une solution au centième.

M. Dujardin-Beaumetz (2) cite également deux cas d'eczéma chronique des membres inférieurs, que le même pansement guérit promptement. Puis une observation de pemphigus, communiquée par M. Féréol, et que l'on trouvera plus loin.

D'après M. Coignard (3), l'intertrigo est modifié en fort peu de jours par des lotions fréquentes avec la solution au centième. Il en a vu guérir 2 cas en quatre ou cinq jours.

A la séance du 23 janvier 1874, M. Vidal (4) signale à la Société médicale des hôpitaux, le succès que les lo-

(1) Boston. *Med. And. Surg. Journal*, 1872.
Bulletin de thérap., 1er mars 1873.
(2) *Bulletin de thér.*, 30 juillet 1873.
(3) *Loc. cit.*, p. 59.
(4) Bulletin de thér., 1874. 3e livraison, 1er sem.

tions au chloral lui ont fait obtenir dans le traitement du prurigo.

M. Martineau (3) publia, au commencement de l'année courante, un article au sujet du traitement par les lotions au chloral du pityriasis simplex ou alba. Cette affection prurigineuse et incommode par sa persistance et sa résistance aux divers topiques, est rapidement modifiée, par une solution de 25 grammes de chloral dans 500 grammes d'eau. Voici, du reste, en substance, ce qu'écrit M. Martineau :

« On fait tiédir la solution, et avec une éponge on lotionne le cuir chevelu. On a soin de ne pas sécher avec un linge les parties ainsi lotionnées. Dès le premier contact, le malade éprouve une légère chaleur, et la peau prend une teinte rosée. Les phénomènes ne persistent qu'une à deux minutes. Le jour même, les démangeaisons sont moins fortes, parfois même ne reviennent plus. Si elles persistent, les lotions faites les jours suivants, toujours le matin, afin d'éviter l'humidité de la tête pendant la nuit, en ont bien vite raison. M. Martineau n'a jamais vu survenir du côté de la peau, avec cette solution, aucune éruption ou lésion résultant de l'action irritante du chloral. Il a obtenu des guérisons incontestables lorsque le pityriasis est récent; des améliorations toujours. On débarrasse les malades de leur prurit et de leurs pellicules.

« Le pityriasis s'accompagne parfois d'érythème de la peau, de papules de prurigo. Dans ce cas, surtout si l'affection est ancienne, il faut faire les lotions avec la solution suivante :

(3) Bulletin de thér., 1876, 1er sem., p. 49.

Eau........................	500 grammes.
Hydrate de chloral..........	25 —
Liqueur de Van Swieten....	100 —

« On revient à la première solution quand les complications ont disparu,

« Comment agit le chloral en solution dans cette affection si rebelle? Est-ce comme analgésique? Il a été préconisé contre les affections prurigineuses par M. Vidal. M. Martineau, lui-même, l'a employé plusieurs fois avec succès contre les démangeaisons qui succèdent à l'eczéma, contre le prurit vulvaire. Mais ici c'est en tant que modificateur qu'il agit, soit en tuant le parasite (qui constitue, d'après Malassès le pityriasis), soit en modifiant les sécrétions cutanées. Il ne calme pas seulement les démangeaisons, mais il détruit la production morbide épithéliale : pellicule du pityriasis. La chute des cheveux s'arrête. C'est probablement à l'irritation du bulbe pileux qu'est dû l'accroissement plus rapide des cheveux, qu'il a toujours observé en pareil cas.

« On pourrait invoquer l'action parasiticide du chloral; on sait, en effet, que M. Dujardin-Beaumetz, d'après des essais tentés par M. le Dr Mailhet (1), médecin du pénitencier de Douains, a employé le chloral dans le traitement des teignes. Cependant dans le pityriasis cette action est douteuse, vu la nature parasitaire douteuse du pityriasis. C'est à l'action modificatrice exercée sur les plaies et les surfaces suppurantes qui est indéniable. qu'il faut attribuer les résultats obtenus dans le traitement du pityriasis capitis. »

L'observation suivante nous montre l'action énergique

(1) Bulletin de thérap., t. 86, p. 138.

du métachloral en poudre : c'est un auxiliaire précieux du chloral; mais d'un maniement difficile : nous avons vu, en effet, dans l'observation 3, que son application détruisit le tissu cicatriciel déjà formé, et l'on fut obligé de cesser son emploi.

OBSERVATION VII.

Pemphigus ; ulcérations consécutives ; pansement au chloral, amélioration passagère ; emploi du camphre en poudre, amélioration passagère ; usage du métachloral en poudre ; guérison.

Un enfant du sexe masculin, né à terme dans de bonnes conditions et d'une mère qui n'avait présenté aucun accident sérieux pendant sa grossesse et qui ne portait aucune trace apparente de syphilis ancienne ou récente, présentait à la région postérieure du tronc, à gauche (thorax et fesse), deux larges bulles pemphigoïdes, de formes très-irrégulières, à pourtour érythémateux, frangé, à fond grisâtre, sphacélé (l'épiderme étant décollé). L'enfant, petit mais vivace, prit bien le sein; il s'élève assez facilement et n'a pas l'aspect cachectique; aucune autre éruption (il a aujourd'hui près d'un mois).

Je pansai avec de la charpie imbibée avec la solution de chloral; l'effet parut d'abord satisfaisant; la teinte grise des ulcères faisait place à un bourgeonnement de bonne nature; mais au bout de cinq à six jours, cette amélioration ne se soutint pas et l'aspect pultacé analogue à celui de la pourriture d'hôpital, me força de chercher un autre mode de pansement; je fis usage alors de camphre en poudre recouvert d'un linge troué imbibé de glycérine; mêmes résultats d'abord favorables, puis retour de l'aspect grisâtre. J'essayai le coaltar saponiné, qui ne fut guère plus efficace. J'essayai alors le métachloral en poudre et sans mélange. L'application fut très-douloureuse; mais le lendemain, la plaie avait totalement changé d'aspect : c'était un bourgeonnement des plus satisfaisants. Je fis alors mitiger le métachloral par l'addition de neuf dixièmes de lycopode, et depuis cinq jours que ce pansement à peu près indolent est appliqué, les ulcères se cicatrisent avec rapidité.

Un petit ulcère pemphigoïde analogue s'est montré à la cheville interne droite et est aujourd'hui cicatrisé. L'état général de l'enfant est satisfaisant.

L'observation suivante d'eczéma chronique a été prise

au Val-de-Grâce, service de M. Vallin. Les résultats obtenus dans ce cas expliquent suffisamment la bonne opinion qu'a M. Dujardin-Beaumetz des pansements au chloral dans l'eczéma chronique.

Observation VIII.

Eczéma chronique.

B. Olivier, natif d'Aiguebelle, en Savoie, est au service depuis 1873. Né d'une mère rhumatisante, il est lui-même manifestement rhumatisant et herpétique.

Deux ans avant de partir pour l'armée, travaillant dans un pays marécageux, il fut atteint de douleurs rhumatismales vives et généralisées, sans gonflement des articulations, et qui l'obligèrent à garder le lit. Deux jours après, éruption impétigineuse de la face et du cuir chevelu confluente, qui le fit entrer à l'hôpital de Genève où il resta deux mois.

En 1874, il entra pour la même affection à l'hôpital militaire de Melun ; y resta cinquante-quatre jours et passa trente-cinq jours à l'infirmerie.

Dans les premiers jours d'avril 1876, étant en prison (il est détenu depuis un an), apparut une éruption d'eczéma dans le pli inguino-scrotal gauche. Les vésicules se manifestèrent par une démangeaison vive et un sentiment de brûlure. Ulcérations consécutives. Le médecin de la prison lui ordonna des bains de siége; on saupoudra d'amidon le siége de la lésion. L'affection, loin de diminuer, ne fit que s'étendre. Il fut envoyé à l'hôpital le 16 avril. Les bains d'amidon et les bains alcalins, ordonnés au début, n'eurent aucun effet favorable.

Le 27 avril, l'eczéma occupe toute la région du pli de l'aine gauche et le pli inguino-scrotal. Il se fait à la surface de cette région rouge et tuméfiée, parsemée de petites ulcérations, une sécrétion abondante, séro-purulente, dont le produit concrété couvre toute la région. Odeur très-désagréable qui s'en dégage.

Application de compresses imprégnées de solution chloratée au 1/200. Cette solution n'étant pas suffisamment concentrée ne produit aucun résultat.

Le 29. Application de compresses trempées dans la solution

au 1/100. Aussitôt disparaît le prurit intense qui, jusque là, privait le malade de sommeil; soulagement.

Le 30. Changement d'aspect, détersion, l'exsudat a beaucoup diminué; l'odeur a presque disparu et le prurit n'existe plus.

Le 1er mai. L'odeur infecte a totalement disparu. Au bout de trois jours, la surface était entièrement desséchée; mais restait rouge.

Du 12-18 mai, on fait des lotions à l'eau blanche. Mais la peau redevient humide. On ordonne 5 milligrammes d'acide arsenieux par jour. On reprend l'usage du chloral. Au bout de quelques jours, la peau avait à peu près repris la coloration normale. Les plis de la peau seuls conservaient une teinte rougeâtre.

Une affection aussi rebelle que l'eczéma chronique ne peut disparaître du jour au lendemain. Le traitement pour être efficace doit être longtemps continué, et il est nécessaire de lutter aussi bien contre la constitution générale du sujet que contre son affection locale. Le malade dont nous relatons l'observation étant herpétique, il est plus que probable que sa diathèse ne cessera pas de se manifester; notre observation ne tend à prouver qu'une chose, c'est que les applications du chloral ont modifié très-rapidement son eczéma, et ont fait cesser le prurit si pénible de cette affection.

Nous terminons ce qui est relatif aux maladies de peau, en disant quelques mots de l'action parasiticide du chloral.

Quoique les journaux italiens aient noté quelques succès à la suite de lotions avec les solutions chloralées dans la gale (1), il est probable que l'efficacité de ce moyen n'égale pas celle du traitement de l'hôpital Saint-Louis.

(1) Annali di chimica, Milano, 1874. Bulletin de thér., 1875, 1er sem., p. 94.

Au mois de janvier 1874, M. Dujardin-Beaumetz (1) signalait une nouvelle application de l'hydrate de chloral. Il s'agissait de la guérison des teignes par l'épilation et des lavages avec une solution au dixième. Ce moyen de traitement qu'il avait conseillé à M. Mailhet, médecin du pénitencier de Douaires, venait de donner entre les mains de ce praticien des résultats inespérés.

A la suite d'expériences qu'il fit depuis, M. Dujardin-Beaumetz (2) est arrivé à conclure que, si les solutions chloralées ne donnent pas de meilleurs résultats que les autres méthodes dans les teignes faveuses et tonsurantes, elles sont meilleures que tout autre traitement dans la teigne décalvante.

§ VI. — *Affections des muqueuses.*

En 1873 (3), M. Dujardin-Beaumetz se servit, pour la première fois, des crayons de chloral et des solutions chloralées, pour modifier la conjonctivite chronique et l'ophthalmie purulente. Mais ses observations n'étant encore que très-peu nombreuses à ce moment là, il ne put émettre une opinion définitive. Depuis lors (2) il obtint des résultats satisfaisants, dans le traitement des ophthalmies justiciables d'ordinaire des cautérisations au nitrate d'argent.

Un des grands avantages, outre l'action si remarquable sur les plaies elles-mêmes, que l'on retire de l'usage du chloral, dans les diverses affections de la

(1) Bulletin de thérap., 1874, 1er sem. (Société de thér., séance du 23 janvier).

(2) Bulletin de thér., 1876, 1er sem., p. 89.

(3) Bulletin de thér., 30 juillet 1873, *loc. cit.*

(4) Bulletin de thér., 10 février 1874.

bouche, c'est que son absorption ne présente pas le danger de celle de la teinture d'iode, du nitrate d'argent, etc.

M. Dujardin-Beaumetz (1) modifiait heureusement, au mois de juillet 1873, une stomatite ulcéreuse du côté gauche de la paroi buccale, chez un enfant de 16 ans scrofuleux et débilité. Les cautérisations au crayon de chloral ayant produit peu d'amélioralion, il unit l'hydrate de chloral à la glycérine au cinquième. Ce glycerolé fut appliqué sur la face interne de la joue, et la modification se produisit.

M. Marc Sée l'emploie en solution au centième pour panser les plaies des lèvres et de la bouche. Il le prescrit en gargarisme dans les affections de la gorge et dans le cas de fétidité de l'haleine provenant de la sécrétion des amygdales.

Francesco Acoettella (2), dans un mémoire qu'il publia en 1872, signala des succès obtenus par le moyen des solutions concentrées dans l'angine diphthéritique.

Diverses affections des voies génito-urinaires ont été traitées par le chloral, avec un réel avantage. Le docteur Fr. Parona (3) l'emploie dans la blennorrhagie uréthrale et dans la vaginite blennorrhagique, à la période subaiguë; il voit la douleur et le flux mucoso-purulent disparaître promptement, en ordonnant des injections avec la solution au centième. Le début de sa pratique (4) remonte à la fin de 1870. A cette époque, il guérit deux cas de blennorrhagie uréthrale par le même moyen. Depuis, il

(1) Bulletin de thér., 30 juillet 1873, *loc. cit.*

(2) Camp. med. caserta, 1872. Coignard, *loc. cit.*

(3) Giorn. della mal. ven. e della pelle, oct. 1873. (Journal de thér., 1874, p. 757.

(4) Impaziole, 2 avril 1874. Coignard, *loc. cit.*

a expérimenté plus souvent et sur une plus large échelle, et il affirme les avantages réels des injections de chloral, soit comme sédatif, soit comme astringent. Le docteur Ciattaglia a confirmé les assertions de M. Parona, et le professeur Gamberini range le chloral parmi les remèdes antiblennorrhagiques.

M. Parona cite une jeune fille, affectée d'un abondant et vieil écoulement vaginal, avec des excoriations et une très-grande sensibilité du vagin, dont il obtint la guérison complète en moins de quinze jours, avec une solution de 1 gr. 50 pour 100 grammes d'eau. Il a remarqué qu'au delà, l'injection est mal supportée et irritante.

Dans un récent article, M. Martineau dit que l'action du chloral dans les vaginites, et notamment dans la vaginite blennorrhagique lui paraît indiscutable. Il se sert de tampons de ouate imbibés d'une solution chloralée. Il ajoute qu'il possède des observations très-concluantes en ce qui concerne la métrite chronique compliquée de métrorrhagie et les autres métrites. Il préfère cependant retarder une communication plus complète, afin de pouvoir exposer plus tard des résultats indéniables.

M. Dujardin-Beaumetz essaya, en 1873, le traitement au chloral dans la vaginite et l'ulcération du col. Il touchait même ces dernières avec le crayon de chloral. Il espérait tirer profit de cette méthode.

Plus tard, en 1874, la *Gazette hebdomadaire* (3) publiait la lettre d'un médecin sicilien, le docteur Antonio di Bernardo, contenant deux observations remarquables d'ulcérations du col de la matrice guéries par des panse-

(1) Bulletin de thér., 1876, 1er sem., p. 49.
(2) Bulletin de thér., 30 juillet 1873.
(3) *Gaz. Hebd.*, 1874, 20 nov.

ments au chloral. Ces pansements qu'il employa dans le premier cas en désespoir de cause, tous les autres moyens ayant successivement échoué, lui procurèrent deux succès incontestables. Nous ne pouvons mieux faire que de relater ces deux observations.

Observation IX.

Madame X..., âgée de 29 ans, de bonne constitution, un peu anémique, mariée depuis dix ans, a eu trois enfants, mais n'a pu conduire à terme ses deux dernières grossesses. A la suite de sa dernière fausse couche datant de près de deux ans, il lui resta un écoulement vagino-utérin, avec douleurs aux reins et au bas ventre, qui avait été attribué par le médecin traitant à l'anémie dont elle souffrait. Mais malgré les traitements les mieux dirigés contre cette dernière affection qui, du reste, s'était beaucoup amendée, la maladie utérine persistait avec la même intensité.

Appelé chez elle dans le mois d'avril de cette année pour lui donner mes soins, je constatai par l'examen direct du col de la matrice, une vaste ulcération à fond rouge sombre, à bords tranchants nettement sur la coloration rosée du reste de la muqueuse, et qui couvrait presque entièrement le museau de tranche. Je me décidai à employer un traitement local et je me mis à l'œuvre de suite, mais en vain. La teinture d'iode, le perchlorure de fer, le nitrate d'argent et jusqu'à l'acide sulfurique concentré : tous les agents spéciaux y passèrent, sans modification. Je résolus alors d'employer (avec peu de confiance il faut l'avouer) le chloral préconisé par M. Ciattaglia et dont je ne pouvais m'expliquer l'utilité.

Je fis faire la solution d'hydrate de chloral suivante :

Eau distillée.................	25 grammes.
Hydrate de chloral..........	2 —

A l'aide du spéculum et d'une petite éponge : premier pansement le 23 juillet 1874. Les jours suivants, apparurent les règles ; pas de pansement.

Le 28, je revis la malade, et je fus très-surpris de voir que l'ulcère était réduit de près de la moitié, et que la coloration du fond était moins foncée qu'auparavant. Je renouvelai le pansement.

Le 29, nouveau pansement, amélioration.

Le 31 juillet, les 2 et 4 août, je poursuivis suivant la même méthode et chaque fois la plaie se réduisait à vue d'œil.

Le 6 août l'ulcère était guéri, et par précaution, je renouvelai le pansement.

Avec l'ulcération les douleurs avaient disparu ; restait un peu d'écoulement dû sans doute à un léger catarrhe utérin.

Pendant le traitement au chloral, la malade avait fait trois fois par jour des irrigations avec une solution au 1/100 de perchlorure de fer.

Le 23, la guérison se maintient. Les irrigations au perchlorure de fer n'ont été pour rien dans la guérison ; elles avaient été inutilement pratiquées antérieurement.

Observation X.

Madame S..., 21 ans, bonne constitution. Mariée depuis cinq ans ; dix mois après le mariage elle a eu un enfant. Il y a dix-huit mois, fausse couche, à la suite de laquelle elle a éprouvé des douleurs aux reins, au bas ventre, dysmenorrhée, écoulement mucoso-purulent.

A l'examen au spéculum, elle présente une ulcération du col, de la dimension d'une pièce de 50 centimes; fond rouge, bords irréguliers bien dessinés sur le reste de la muqueuse saine. Léger catarrhe vaginal, qui n'avait pas attiré l'attention de la malade.

Premier pansement le 17 août ; on le répète les 19, 21 et 23.

Même marche que la précédente. De jour en jour le fond devenait moins foncé, les bords tranchaient moins sur le reste de la muqueuse, avec laquelle ils commencèrent à se confondre jusqu'à la complète reproduction de l'épithelium du col utérin. En même temps, irrigations d'une solution au 1/100 de perchlorure de fer, qui eurent raison du catarrhe vaginal.

Trois jours après, l'ulcération commençait à se reproduire ; elle avait commis des imprudences. Je repris alors le traitement au chloral, et je fis un pansement le même jour, tout en recommandant une absolue abstention de rapports sexuels. Le surlendemain, l'ulcération n'existait plus, il ne restait à sa place qu'une faible rougeur de la muqueuse.

Cependant les jours suivants, la malade s'étant livrée au coït, l'ulcère reparut, et croyant que la solution de chloral ne suffisait pas à la protéger contre les rechutes, elle me pria de changer le traitement. Alors ce fut le tour du nitrate d'argent, de la teinture d'iode, du perchlorure de fer, qui ne donnèrent même pas les résultats passagers obtenus par le chloral.

Au bout de deux mois de traitement inutile, la malade désespérait déjà de sa guérison, quand j'insistai de nouveau pour revenir au chloral. Du 2 octobre au 6 novembre, je fis avec persistance un pansement par jour au chloral, et je parvins enfin à triompher de la maladie. Néanmoins je continuai encore pendant huit jours le même traitement. Aujourd'hui la guérison est complète.

Terminons ce que nous avons à dire des affections génito-urinaires, par une observation de métrite chronique empruntée à M. Dujardin-Beaumetz (1).

Observation XI.

Métrite interne; injections intra-utérines de solution de nitrate d'argent; cautérisation intra-utérine avec le crayon de nitrate d'argent. Amélioration; injections intra-utérines de solution de chloral au cinquantième; guérison.

Madame X..., âgée de 24 ans, est atteinte depuis un an d'une métrite interne suppurée des plus intenses. Après avoir pratiqué des injections intra-utérines avec des solutions de nitrate d'argent, nous avons cautérisé l'intérieur même de la cavité utérine avec le crayon de nitrate d'argent. Sous l'influence de ces moyens, la suppuration intra-utérine a diminué, mais elle est encore assez abondante, et l'écoulement a une odeur fétide. Nous songeons alors à employer les solutions de chloral, et nous injectons dans la cavité utérine une solution au cinquantième.

Ces injections, répétées trois fois par semaine pendant un mois, amenèrent la complète disparition de l'écoulement.

Nous terminons ce chapitre par le traitement de la fissure à l'anus. M. Créquy a publié, à la fin de l'année dernière (2), deux cas de fissure à l'anus guéris par le pansement au chloral. Ce succès, dans une affection qui nécessite d'ordinaire l'opération si violente de la dilata-

(1) Bulletin de thér., 30 juillet 1873, *loc. cit.*
(2) Bulletin de thér., 1875, p. 271.

tion forcée, ne doit pas être passé sous silence. Nous citons à peu près textuellement la lettre de M. Créquy.

« Tout récemment, ayant à traiter deux malades atteints de fissure à l'anus, j'eus recours au mode de pansement par le chloral.

« La maladie se présente chez eux à peu près dans les mêmes conditions : l'un est âgé de 38 ans, l'autre de 41 ans; la fissure, chez tous les deux, siége dans son lieu d'élection habituel entre deux plis de la muqueuse à la partie postérieure de l'anus, longue d'environ 1 centimètre, large de 3 à 4 millimètres, « La défécation est très-douloureuse et l'examen assez pénible pour faire jeter des cris aux malades, lorsqu'on écarte les plis qui circonscrivent la fissure et qu'on touche le fond avec le doigt ou un corps quelconque, malgré cette douleur qui devait rendre le pansement difficile à supporter, je le mis à exécution chez tous deux de la manière suivante : je recommandai aux malades d'aller à la garde-robe tous les matins, de prendre même un lavement si besoin était; tous les jours à midi j'introduisis entre les lèvres de la fissure, un e très-petite mèche de charpie (une vingtaine de brins) trempée dans une solution de chloral au cinquantième ; je la laissai dans la plaie, d'où elle était rejetée, le lendemain, en allant à la garde-robe ; le premier et le second pansement furent douloureux, le troisième le fut moins, et ainsi toujours en diminuant ; chez l'un des malades, ouvrier poseur de tuyaux à gaz, le traitement fut commencé, le 5 août, et, le 19, il me déclara qu'il ne souffrait plus du tout et qu'il désirait reprendre son travail. Chez l'autre, chimiste distingué, les choses se passèrent exactement de la même manière, avec cette différence qu'il n'interrompit pas ses occupations pendant le traitement qui dura du 3 août au 16 du même mois ; je l'examinai une dernière fois, le 27 août, et je fus étonné du peu de douleur que je déterminai ; du reste, la fissure, tout en présentant un fond rouge, était cicatrisée.

« Malgré les souffrances qu'occasionnent les premiers pansements, je ne doute pas que la plupart des malades ne préfèrent ce traitement à l'incision ou à la dilatation forcée, qui, outre l'inconvénient d'être horriblement douloureuses, forcent le malade à garder le repos au lit assez longtemps : je sais bien qu'on a la ressource du chloroforme, mais, dans ce cas, le sphincter est relâché et on n'a plus cette sensation de déchirure qui dirige si bien les doigts du chirurgien quand le malade n'est pas chloroformé, de sorte que l'on peut penser avoir rompu les fibres musculaires, lors même qu'on n'a rien déchiré du tout. Je ne doute pas que c'est à cette circonstance que des chirurgiens très-habiles ont dû des récidives que je n'ai jamais observées lorsque les malades n'ont pas été anesthésiés. Si le mode de pansement que je viens d'indiquer produit de nouvelles guérisons (ce dont je ne doute pas, si le chirurgien fait ses pansements lui-même), il infirmerait beaucoup la théorie de Boyer qui veut que fissure et douleur soient le résultat de la constriction. Il ne peut en être ainsi évidemment, dans les cas où l'on parvient à guérir les malades en obtenant la cicatrisation de la fissure sans toucher au sphincter, ce que du reste M. Gosselin a parfaitement développé. »

M. Dujardin-Beaumetz expérimenta depuis dans le même sens, mais il modifia le pansement en employant le glycérolé de chloral.

CHAPITRE II.

ACTION ANTISEPTIQUE, DÉSINFECTANTE ET ANTIFERMENTESCIBLE.

Nous venons de passer en revue les multiples applications de l'hydrate de chloral en solution, en poudre ou à l'état de crayons, pour modifier les plaies et provoquer leur cicatrisation. Nous avons dit quelques mots de la variété isomérique du chloral anhydre, le métachloral. Etudions maintenant les propriétés antiseptiques du chloral.

Et d'abord, qu'entend-t-on par antiseptique ? On nomme antiseptique toute substance qui, appliquée sur les plaies, prévient la fermentation putride. Les antiseptiques, l'alcool, l'acide phénique, etc., s'oposent aux altérations du pus et par conséquent à la résorption putride.

Pour bien établir la propriété antiseptique du chloral, nous allons passer en revue les divers travaux qui ont été publiés, et analyser le plus succinctement possible les expériences que différents auteurs ont instituées depuis 1870, à cet effet. Pour de plus amples détails, nous renvoyons aux travaux des auteurs italiens, de MM. Dujardin-Beaumetz et Hirne, de M. Magnaud, de M. Personne, etc., et de M. Coignard, auquel nous empruntons une partie de ces détails.

Carlo Pavesi (1) découvrit en 1871 les propriétés antiputrides, antifermentescibles et antiparasitaires du chloral. La première communication à ce sujet fut publiée dans la correspondance scientifique de Rome en 1871.

(1) Carlo Pavesi. Annali med. it. et lomb., 1874.

Il parvint à conserver dans un atmosphère de vapeurs de chloral différentes substances organiques végétales et animales les plus faciles à se corrompre en peu de temps, comme le beurre, le poisson, la chaire musculaire. Il démontra que l'atmosphère chloralée préservait en outre les farines, les étoffes de laine, etc., des parasites et qu'elle désinfectait les milieux ambiants.

Mais c'est à MM. Dujardin-Beaumetz et Hirne (1), que nous devons les expériences les mieux conduites et les plus précises sur ce sujet. Ils exposèrent, le 11 avril 1873, devant la Société de médecine des hôpitaux les résultats de leurs recherches, dont le début remonte au mois de juin 1872. Ils prouvèrent par une première série d'expériences, que les matières animales, la chaire musculaire en particulier, placées dans une solution de chloral au 1/50, et placées dans les conditions les plus favorables à la putréfaction, se conservaient sans la moindre altération putride. Une deuxième série d'expériences démontre qu'un gramme pour cent de chloral suffit pour mettre obstacle à la fermentation du lait, de l'urine, de la colle de pâte. Cependant, ces messieurs ne conclurent pas de leurs expériences que le chloral s'opposait à toute espèce de fermentation. Leurs solutions n'avaient pas mis obstacle à la fermentation alcoolique. Antérieurement cependant, MM. Byasson et Follet (2) avaient cru remarquer que, sous l'influence du chloral la fermentation alcoolique était empêchée pendant un certain temps. Enfin, M. Lissonde (3) démontra que tout dépendait

(1) *Union médicale*, 1873, 27 mai.
(2) Chloral hydraté, 1871.
(3) Etude du chloral hydraté, 1874.

de la dose, et que les solutions concentrées empêchaient toute fermentation.

M. Personne a appliqué les propriétés antiputrides des solutions chloralées à la conservation des pièces anatomiques et des cadavres. Il présenta le 12 janvier 1874, à l'Académie (1) des sciences, des cadavres d'animaux injectés, parfaitement conservés depuis plusieurs mois.

Ici se place naturellement la question suivante : de quelle façon le chloral empêche-t-il la putréfaction des matières animales ?

En 1869, Richardson (2), en Angleterre, faisant des recherches sur les propriétés physiologiques du chloral hydraté, découvrit que des solutions très-faibles de ce corps, mettaient obstacle à la putréfaction du sang. Avec des solutions plus concentrées, il vit le sang se coaguler instantanément. L'année suivante, Carlo Pavesi et Luigi Porta observent la même propriété.

MM. Byasson et Follet voient en 1871, l'opalescence et la coagulation de l'albumine se faire sous l'influence du chloral. La même année, M. Magnaud (3), étudiant, sous le champ du microscope, l'action d'une solution concentrée de chloral sur la membrane interdigitale d'une grenouille, vit au point touché la circulation s'arrêter dans le réseau capillaire ; et comme les vaisseaux conservaient leur aspect rouge et gardaient leur volume primitif, il en conclut avec raison que cet arrêt de la circulation ne pouvait tenir à un rétrécissement spasmodique des vaisseaux, mais devait être attribué à la coagulation des matières protéiques du sang. Le même expé-

(1) Académie des sciences, 12 janvier 1874.
(2) Medical Times and Gazette, 6 nov. 1869.
(3) Magnaud. Thèse de Paris, 1871.

rimentateur vit les muqueuses en contact avec les vapeurs d'hydrate de chloral, prendre une teinte opaline, la cornée devenir opaque. Il démontra que sur le derme dénudé et à la surface des plaies, les solutions concentrées déterminent la formation d'une eschare molle, grise, semi-transparente; que si l'on touche avec ces solutions un faisceau musculaire, on le voit pâlir, présenter des stries blanchâtres dans le sens de la longueur, puis durcir, se rétracter énergiquement, perdre sa contractilité et se dessécher. Enfin, il vit le cylindre axe des nerfs plongés dans ces solutions, devenir granuleux sans étranglement (1), et la conductibilité des nerfs se perdre.

Tous ces phénomènes sont dus à la coagulation de l'albumine; et c'est précisément à cette coagulation, que le chloral doit sa propriété antiseptique. M. Personne mit en effet hors de doute, que les matières animales et les cadavres d'animaux qu'il présenta à l'Académie des sciences, devaient leur admirable conservation à l'action coagulante du chloral. M. Personne admit d'abord que le chloral se combinait chimiquement avec l'albumine. Mais M. Byasson (2) a démontré depuis que cette combinaison n'était qu'apparente.

L'action caustique du chloral, les eschares produites par l'application des solutions concentrées de ce corps sur les tissus, sont aussi dues à la coagulation des matières albuminoïdes. Les propriétés antiseptique et modificatrice du chloral sont en effet intimement liées l'une à l'autre; elles n'en sont pas moins distinctes, et nous

(1) Rem. M. Robin a utilisé cette propriété pour la préparation microscopique des nerfs. (Journal d'anatomie et de physiologie pathologique.)

(2) Comptes-rendus de l'Acad. des sc., 2 mars 1874.

ne pouvions mieux faire que d'étudier leurs applications séparément.

Dans ce chapitre, nous dirons d'abord quelques mots du traitement des varices par les injections de chloral ; puis nous passerons successivement en revue l'action de ce médicament sur les escharres et les gangrènes, les pustules de la variole, l'ozène, les surfaces et les cavités suppurantes. Nous terminerons par l'action antifermentescible des solutions chloralées injectées dans la vessie.

§ I. — *Varices. — Hémorrhagies.*

La coagulation du sang par les solutions de chloral a été appliquée en Italie par divers chirurgiens à la cure radicale des varices. Les observations publiées par les journaux italiens tendraient à prouver que les résultats obtenus ont été assez satisfaisants.

Luigi Porta (1) fit les premières expériences en 1870 ; en 1873 il relate 15 cas de guérison (2). On trouvera dans la thèse de M. Coignard, une observation de cure radicale de varice de la veine dorsale du pénis ; ce cas a été publié par Francesco Parona (3). L'injection se faisait avec mi-partie chloral et eau distillée. Le Dr Scarenzio (4) a fait connaître en 1874, la guérison d'un ulcère avec eczéma variqueux de la jambe gauche, guéri par les greffes épidermiques associées à l'injection de chloral dans la veine variqueuse (5).

On peut reprocher à ce traitement des varices comme

(1) Annali di chimica, 1873.

(2) Annali univ. di med., n° 226, 1873.

(3) Giorn. ital. delle mall. ven. e della pelle, 1873.

(4) Revue de Hayem, 1875, t. v, p. 394. (Commentarii di medicina et chir. Milano, juillet et août 1874).

(5) M. Verneuil obtient la guérison des tumeurs érectiles au moyen de la même solution, qu'il injecte dans la tumeur.

à tous les procédés fondés sur la coagulation du sang, de ne pas procurer la cure radicale proprement dite, les varices se reproduisant presque toujours dans la suite.

Mais ce que l'on ne saurait nier, c'est l'action hémostatique du chloral. César Ciattaglia (1), de Rome, préfère dans beaucoup de cas l'usage de ce médicament à celui du nitrate d'argent et du perchlorure de fer. D'après ce médecin, les solutions de chloral arrêteraient avec une grande rapidité les hémorrhagies survenues à la suite d'une contusion, d'une piqûre de sangsue. Il cite l'exemple d'une dame qui, étant tombée sur le front, s'ouvrit l'artère temporo-frontale gauche : une boulette de filasse trempée dans une solution de chloral suffit pour arrêter l'hémorrhagie, sans qu'il fût nécessaire d'exercer la compression.

Cette précieuse propriété trouve sa meilleure application dans les cas d'hémorrhagies en nappe, où un grand nombre de capillaires donnent du sang, et qui sont dans maintes circonstances si difficiles à arrêter. Les hémorrhagies du cancer ulcéré du sein et surtout du carcinome de l'utérus, sont facilement réprimées par ce moyen. Nous reviendrons sur ce sujet dans la suite.

M. Créquy (2) emploie comme hémostatique une solution au vingtième.

§ II. — *Eschares et gangrènes.*

Tout le monde connaît la gravité que prennent souvent les mortifications de la peau, dans le cours des fièvres graves. Ces altérations compliquent sérieusement la

(1) Le sperimentale, 1874. Coignard, *loc. cit.*

(2) *Gaz. hebd.*, 1874, n° 24, 12 juin, Soc. de thér.

maladie primitive. Souvent la destruction se propage aux parties profondes; la plaie fournit une sanie putride et sanguinolente, qui achève d'épuiser le malade déjà profondément débilité par la fièvre. Enfin, les eschares peuvent devenir le point de départ de résorption putride et purulente.

Les pansements de ces eschares avec les solutions de chloral sont susceptibles d'abord de modifier la plaie, d'arrêter la tendance à la propagation du travail destructeur, de provoquer la cicatrisation, et en second lieu de s'opposer à la putridité. Les heureux résultats que l'application de cette méthode a donnés, surtout dans le traitement des eschares de la fièvre typhoïde, qui est la fièvre putride par excellence, ont fait adopter par plusieurs médecins des hôpitaux les pansements au chloral dans les eschares. M. Bucquoy en particulier, médecin de l'hôpital Cochin, n'emploie plus d'autres topiques dans les mêmes cas. Mais il recommande bien de ne jamais appliquer le pansement avant la chute de l'eschrae.

L'observation suivante, publiée par MM. Dujardin-Beaumetz et Hirne (1) dans leur mémoire lu à la Société de médecine des hôpitaux, à propos des propriétés antiputrides et antifermentescibles du chloral, montrera les phénomènes de résorption putride s'arrêter brusquement, par l'application de charpie imprégnée de solution de chloral au centième sur une vaste surface mortifiée survenue dans le cours d'une dothiénentérie.

(1) *Union médicale*, 27 mai 1873.

OBSERVATION XII.

Gangrène très-étendue de la fesse droite, suite de fièvre typhoïde. — Pansement à l'hydrate de chloral au centième. — Prompte amélioration.

Mademoiselle G... (Eléonore), âgée de dix-huit ans, fleuriste, est entrée à la Maison de santé, dans le service de M. Cazalis, le 25 août 1872, affectée d'une fièvre typhoïde. Au quinzième jour environ, l'état s'était subitement aggravé; des phénomènes de dyspnée extrême, prostration, etc., avaient décidé à l'amener à la Maison de santé. On constate, en effet, l'existence d'une bronchite capillaire, généralisée dans la totalité des deux poumons.

Pendant dix jours, il y eut des symptômes d'une extrême gravité, faisant craindre chaque jour une issue fatale.

L'emploi des révulsifs, toniques (rhum, 100 gr.; ext. de q. q., 6 gr. par jour), fut continué longtemps. Une amélioration survint vers le dixième jour, qui se maintint ainsi, mais sans s'accroître rapidement. Une vaste eschare s'était formée en effet au sacrum, mesurant (12-15) centimètres de diamètre.

Des pansements à l'alcool, puis au chlorure de chaux furent faits avec soin plusieurs fois par jour, mais sans succès.

L'eschare formait une bouillie noirâtre d'une extrême fétidité, et chaque jour la malade était prise de petits frissons, que l'on attribuait avec raison à la résorption putride. La bronchite capillaire était guérie.

Après quinze à vingt jours de ces pansements sans résultat, M. Beaumetz, remplaçant M. Cazalis, eut l'idée de faire appliquer un pansement avec de la charpie trempée dans une solution de chloral au centième.

L'effet fut excellent, et surtout inattendu; après le deuxième jour de l'application l'eschare ne répandait plus aucune odeur, et se détergeait. Après cinq jours, les parties mortifiées étaient tombées complètement; il apparaissait à la place du sphacèle une vaste plaie, rose, vermeille, bourgeonnante; et les frissons quotidiens avaient disparu.

Les pansements furent continués quelques jours (huit à dix) encore, et la malade sortit guérie le 16 octobre; la plaie n'était pas encore cicatrisée, mais il faut dire que la malade était profondément affaiblie par son séjour prolongé au lit, qui retardait la convalescence.

C'est à la suite de cette guérison que MM. Dujardin-

Beaumetz et Hirn entreprirent leurs recherches sur le chloral. On pourra trouver, dans leur mémoire cité plus haut, la relation d'une gangrène du cou survenue à la suite de rougeole, guérie par les pansements et les injections avec la solution au cinquantième. La marche envahissante du sphacèle, la suppuration de mauvaise nature et fétide, le décollement progressif de la peau furent arrêtés presque instantanément, et la cicatrisation obtenue en vingt jours. Résultat surprenant, chez un enfant profondément débilité, âgé seulement de 18 mois.

Nous terminerons ce qui a rapport aux eschares par une observation empruntée à la pratique de M. Martineau (1) (Hôpital temporaire).

Observation XIII.

Salle Saint-Joseph, n° 19, se trouve une femme de 55 ans qui, alors qu'elle se trouvait au Vésinet, en convalescence d'une fracture de l'olécrâne, avait été prise d'un rhumatisme aigu pour lequel elle était rentrée à l'hôpital. Peu de jours après, on constata une eschare énorme et très-profonde de la région sacrée : la plaie gangréneuse avait mis à nu des parties tendineuses, qui s'exfolièrent ; elle présentait un très-mauvais aspect, et ne montrait aucune tendance à se cicatriser.

M. Martineau employa une solution de chloral d'abord au cinquantième, puis au centième. Au moment où on l'appliquait, cette solution produisait une cuisson légère ou plutôt une démangeaison. Mais à partir de ce moment la cicatrisation fit des progrès rapides.

Les deux observations suivantes de gangrène spontanée du bras, traitées par le chloral, pour s'opposer aux accidents de putridité, démontrent plus que toute autre la propriété éminemment antiseptique des solutions de chloral. Le premier cas a été observé à la Maison mu-

(1) *Gaz. des Hôp.*, 1874, 6 juin, p. 415.

nicipale de santé par M. Féréol et communiqué à M. Dujardin-Beaumetz (1). Le second cas a été observé par ce dernier lui-même dans le service de M. Verneuil (2).

Observation XIV.

Gangrène spontanée du bras. — Insuccès des bains d'oxygène et des solutions d'Eucalyptol. — Emploi du chloral; modification rapide de la plaie. — Désinfection complète. — Mort subite de la malade.

Chez une femme de 72 ans, atteinte de gangrène spontanée par endartérite (embolie? athérome artériel) de l'artère humérale, j'avais essayé d'abord les bains d'oxygène dans un manchon en caoutchouc; on faisait en même temps chaque matin baigner les bras pendant une heure dans une solution d'eucalyptol. Les douleurs étaient incessantes et l'odeur tellement insupportable, que je fus obligé de changer le garde-malade qui avait des accidents d'intoxication.

Je fis mettre du chlorure de chaux sous le lit de la malade et je remplaçai le manchon d'oxygène par les compresses au chloral au cinquantième, renouvelées toutes les deux heures et recouvertes d'une feuille de taffetas. Les douleurs furent légèrement amendées, mais surtout l'odeur disparut presque entièrement; l'élimination du membre se préparait et était même assez avancée; la malade, très-faible et cachectique, succomba assez inopinément sans que l'autopsie ait révélé de cause particulière de la mort, qui semble avoir été le fait d'un affaiblissement progressif.

Observation XV.

Gangrène spontanée du bras; bains permanents de chloral.

Un jeune homme de 18 ans est pris subitement pendant la nuit d'une mortification de la main et de l'avant-bras droits, avec disparition des battements dans toute l'étendue de l'artère humérale. Pour s'opposer à la septicémie et à l'odeur qui pouvaient résulter d'une pareille mortification, M. Dujardin-Beaumetz eut l'idée de plonger le membre malade dans des bains permanents de solution chloralée au 1/1000 et au 1/500. Vingt jours après l'accident M. le professeur

(1) Bulletin de thér., 30 juillet 1873.

(2) Bulletin de thér., 1874, 2e sem., p. 376. — Soc. méd. des hôp., 9 oct. 1874.

Verneuil hâtait l'élimination des parties mortifiées en faisant une amputation au niveau des points sphacélés. Aujourd'hui la cicatrisation est complète.

Les bains permanents de solution de chloral ont non-seulement fait disparaître presque complètement l'odeur, mais encore ont maintenu la plaie dans un excellent état et se sont opposés aux accidents de putridité.

§ III. — *Variole.*

Du neuvième au quatorzième jour de la variole confluente, la putréfaction du pus qui s'est écoulé des pustules fait exhaler du corps des malades une odeur repoussante et une insupportable fétidité. Il est donc facile de comprendre les accidents qui peuvent résulter de la résorption de ces gaz délétères; c'est à cette période précisément que l'on a souvent à constater l'infection purulente avec abcès métastatiques. Borsieri (1) attribue cette infection à la résorption des liquides et miasmes putrides.

Aussi de tout temps certains médecins, rompant avec les préjugés, ont-ils pratiqué les lavages et même les bains dans la variole. Mais l'eau pure est impuissante à faire disparaître les miasmes que répandent les varioleux; elle empêche simplement la stagnation du pus sur les téguments. Les lotions de chloral, en solution au centième, répondent au contraire à toutes les indications. M. Vallin, professeur au Val-de-Grâce, les a mises en pratique l'hiver dernier, dans tous les cas de variole qui se sont présentés dans son service : la désinfection était rapidement obtenue, les pustules, d'un autre côté, guérissaient bien plus rapidement.

M. Dujardin-Beaumetz ne s'est pas contenté de faire

(1) Trousseau. Clinique, 4e édit., 1er vol., p. 66.

de simples lavages sur la peau des varioleux. Nous voyons, en effet, dans l'un des derniers numéros de l'*Union médicale* (1), que cet auteur a retiré de bons effets des bains de chloral dans la variole au moment où l'épiderme se détachant en masse met le derme à nu. La dose employée n'a pas dépassé 20 gr. par bain. Il a obtenu ainsi non-seulement la désinfection des malades, mais encore une prompte cicatrisation.

§ IV. — *Ozène.*

M. le Dr Créquy fut un des premiers à appliquer l'usage du chloral au traitement de l'ozène sans nécrose. L'odeur fétide que répandent les malades atteints de cette affection si rebelle, et qui persiste d'ordinaire en dépit des médications les plus rationnelles, ne tarde pas à disparaître au moyen d'irrigations dans les fosses nasales de solution de chloral.

M. Créquy (2) fit à ce sujet une communication à la Société de thérapeutique le 13 juillet 1875. Il cita une jeune fille de 13 ans, qui depuis l'âge de 3 ans était atteinte d'un ozène, que l'on avait traité jusque-là sans succès par des injections de tannin, de phénol, d'eau d'Enghien, de sublimé, de coaltar, etc. La guérison fut obtenue au moyen d'injections nasales, pratiquées avec une cuillerée à bouche par verre d'eau de la solution suivante :

Hydrate de chloral.........	2 grammes.
Eau distillée...............	250 —

Pour faire ces injections M. Créquy emploie un procédé

(1) *Union médicale*, 1876, 13 juin. Formulaire.

(2) Bulletin de thér., 2e sem., 1875.

simple et facile à exécuter. Il fait plonger dans le verre contenant le mélange à injecter, un tube de caoutchouc de 1 mètre de long, puis il introduit l'autre extrémité dans le nez du malade en tenant le verre élevé. Il obtient ainsi un siphon, qui fait pénétrer l'injection dans une narine pour ressortir par l'autre.

M. Dujardin-Beaumetz apprécie beaucoup ce mode de traitement ; il en a obtenu de très-bons résultats. M. Marc Sée, comme nous le verrons plus loin, s'en est servi avec succès.

Il va sans dire, que le traitement général ne doit pas être négligé, et que dans les cas d'ulcérations profondes, il faut associer aux injections les cautérisations directes.

§ V. — *Surfaces suppurantes, clapiers, kystes, pleurésies purulentes.*

Nulle part le pus n'a autant de tendance à se corrompre et à se putréfier que dans les anfractuosités des plaies étendues, dans les kystes, partout en un mot où le produit de la suppuration séjourne et a de la peine à s'écouler au dehors. L'air extérieur, constamment en communication avec ces plaies, amène à leur contact les germes les plus délétères : de là, nous voyons survenir trop souvent, les complications les plus redoutables. Aussi les chirurgiens cherchent-ils par toute espèce de moyens à neutraliser l'effet de ces mauvaises conditions. Ils ont employé successivement divers liquides antiseptiques, l'alcool, la teinture d'iode, dans ces derniers temps l'acide phénique. Nous ne nous permettrons pas de juger ces moyens, ni de critiquer leur emploi; notre tâche se réduit à constater au moyen de faits palpables que, dans mainte circonstance, l'usage des solutions du chloral à divers degrés de concentration, mais surtout au centième, peut remplacer avantageusement les autres procédés et même donner des résultats supérieurs.

Il nous a été donné de voir, dans le service de M. le professeur agrégé Marc Sée, à la Maison municipale de santé, des résultats vraiment très-satisfaisants.

M. Marc Sée panse au chloral la plupart des malades de son service. Pour éviter la septicité, non-seulement il applique sur la plaie de la charpie imprégnée de la solution ; mais il fait pratiquer en outre, chaque fois que l'on renouvelle le pansement, des irrigations au moyen d'un pulvérisateur, sur la surface de la plaie, sur les doigts du chirurgien et des aides, sur les instruments. En un mot, il applique au chloral une partie du procédé de Lister. De cette façon il obtient une désinfection complète des plaies et une cicatrisation rapide.

Chez l'une des malades du service de M. Sée, il avait été nécessaire de poursuivre l'extirpation du sein profondément dans le creux axillaire. Il résulta de là une vaste cavité anfractueuse ; sous l'influence des irrigations de chloral cette surface suppurante ne cessa pas de présenter le plus bel aspect. Cette cavité ne répandait pas la moindre fétidité, elle était rosée, bourgeonnante ; elle diminuait d'étendue de jour en jour avec la plus grande rapidité ; quant à la plaie du sein elle était réunie par première intention.

Afin d'être plus complet, nous citons ce que M. Marc

Sée (1) écrivait l'an dernier à pareille époque dans le *Journal de thérapeutique* :

« M. Labbé, dans son remarquable travail sur les pansements antiseptiques (2), ne fait qu'une courte mention de la solution de chloral ; sans doute, parce que, vantée à bon droit comme antiputride, elle n'a été que rarement employée en chirurgie. Elle me paraît cependant appelée à un très-grand succès, et j'ai même l'illusion de croire qu'elle est destinée à remplacer tous les antiseptiques usités jusqu'à ce jour.

« Je m'en suis servi pour la première fois, il y a dix-huit mois, d'après le conseil de M. Bergeron, dans un cas de diphthérite de la vulve. Le résultat excellent que j'en obtins m'engagea à l'essayer dans plusieurs circonstances plus ou moins analogues. Puis, le succès ne se démentant pas une seule fois, j'appliquai successivement la solution de chloral au pansement des plaies ayant, comme on dit, mauvais aspect, que recouvraient ces enduits pultacés, si fréquents, ou qui ne marchaient pas franchement vers la cicatrisation, au traitement des plaies contuses ou par écrasement, avec décollement étendu des parties molles, avec mortification imminente ou accomplie, avec vastes suppurations. Je l'employai en injections dans les foyers de suppuration putride, dans les cavités anfractueuses des abcès par congestion, dans les trajets fistuleux se rattachant à des affections osseuses. Enfin, je m'en servis pour panser les plaies simples, soit accidendelles soit chirurgicales. Et toujours avec le même succès, sans être une seule fois obligé d'interrompre ce

(1) M. Sée. De l'usage du chloral en chirurgie. (Journal de thérap. 25 juillet 1875, p. 537.

(2) Journal de thér., 1875, p. 27.

pansement, sans le moindre accident. Bien mieux, il m'est arrivé plusieurs fois de recevoir dans mes salles des malades dont les plaies étaient compliquées d'érysipèle, de phlegmon diffus: il a suffi de deux ou trois jours de pansement au chloral pour écarter totalement ces complications qui, dès le second jour, s'arrêtaient déjà dans leur marche envahissante.

« La solution dont je me sers habituellement est au 1[100, exceptionnellement j'ai recours à la solution au 2[100. Il ne m'est jamais arrivé de trouver la première insuffisante.

« Après avoir nettoyé soigneusement la surface de la plaie et les parties voisines avec un peu de charpie, trempée dans la solution du chloral (j'évite, en général, de me servir d'éponges, attendu qu'on n'est jamais sûr qu'elles ne contiennent pas quelque matière septique), et dans les cas de plaie profonde et anfractueuse après avoir rempli toute la cavité de ce liquide, qui se répand dans tous les recoins, je recouvre toute la solution de continuité et ses bords de plumasseaux de charpie légèrement imbibés de chloral, sur lesquels j'étends du taffetas gommé pour empêcher l'évaporation, puis une épaisse couche d'ouate, maintenue par une bande un peu serrée.

« L'odeur de la solution de chloral est agréable, ne salit pas les doigts, ni les pièces du pansement. L'application n'est pas douloureuse, elle ne fait éprouver qu'un léger picotement, dont les malades se plaignent à peine. Elle est peu volatile et perd moins rapidement son action que l'alcool.

« Depuis un an que je suis cette méthode, j'ai obtenu les meilleurs résultats. Je ne rapporterai que les suivants : deux amputations de cuisse, une résection complète du coude, six évidements de la partie supérieure du tibia, une résection de la presque totalité du cubitus, deux résections de l'astragale (encore en traitement), deux fractures complètes de la jambe, une plaie du coude avec ouverture de l'articulation, nombreuses plaies contuses avec vastes épanchements sanguins.

« Cependant je suis resté fidèle à l'usage des pansements à l'alcool, pour les plaies contuses de la main.

« L'innocuité de son absorption permet de le porter sans inconvénient et à dose considérable dans la bouche, les voies digestives, puisqu'on l'administre à l'intérieur à la dose de plusieurs grammes. Je l'emploie pour les plaies des lèvres et de la bouche ; pour faire disparaître la fétidité de l'haleine due aux amygdales et l'odeur infecte des substances contenues dans les dents cariées.

« Je rappelle à ce propos un fait dont l'histoire résumée a été communiquée à la Société de chirurgie et dans lequel la solution de chloral a joué un rôle dont aucune autre substance antiseptique en usage n'est susceptible.

« Un enfant ayant avalé une plume métallique, celle-ci s'implanta dans la paroi postérieure du pharynx. Après l'extraction du corps étranger, il se développa une vaste poche suppurante dans le médiastin postérieur. Le petit malade rendait plusieurs crachoirs d'un pus fétide mêlé de sang. Il n'avalait qu'avec la plus grande difficulté de petites doses de liquide, qui passaient en grande partie dans le foyer. Il arriva rapidement à une période avancée l'épuisement. Je lui fis boire toutes les demi-heures plusieurs cuillerées de la solution servant à mes pansements. Dès les premiers jours, modification des plus marquées; peu à peu la suppuration se tarit, la déglutition redevient facile pour les aliments solides, comme pour les liquides, et le petit malade sort guéri de l'hôpital.

« Je m'en suis servi avec grand avantage, dans plusieurs cas d'ozène sans nécrose des os. A ma recommandation, un de nos fabricants de produits médicamenteux a composé une eau dentifrice dont le chloral fait la base, et j'en fais usage moi-même à mon entière satisfaction. Je viens d'essayer le même agent contre l'ophthalmie purulente, et les premiers résultats obtenus paraissent satisfaisants.

« Il me serait impossible de mentionner toutes les applications dont le chloral me paraît susceptible.

« Partout où il importe de détruire la fétidité, d'arrêter la fermentation, la putréfaction, d'empêcher la pullulance des vibrions et des microzoaires, en général, d'écarter toute cause d'infection, l'hydrate de chloral est là, et cela de la manière la plus certaine et la plus inoffensive.

« La solution de chloral légèrement excitante produit quelquefois, à la longue, des bourgeons charnus exubérants qu'il faut réprimer de temps en temps avec le crayon de nitrate d'argent. C'est là un inconvénient léger (Marc Sée). »

Ce que l'on vient de lire est amplement suffisant pour faire entrevoir tous les services que le chloral est susceptible de rendre au chirurgien, comme antiseptique.

N'oublions pas que M. Dujardin-Beaumetz, le premier, a signalé en France les promptes et rapides modifications obtenues par l'usage des solutions du chloral au 1/100 et au 1/50 dans le traitement des kystes hydatiques suppurés (1), et des pleurésies purulentes. Il préfère de beaucoup le chloral à la teinture d'iode, non-seulement parce que son action est plus énergique, mais encore parce qu'il n'altère pas les tubes de caoutchouc.

M. Martineau (2) a également employé le chloral en lavage dans la pleurésie purulente (3). Ces injections lui ont été très-utiles dans quatre cas d'empyème. Mais M. Martineau a cru devoir, dans tous ces cas, pour obtenir une désinfection complète, ajouter une certaine quantité d'alcool, d'essence d'eucalyptus, quatre à cinq cuillerées par 1000 gr. d'eau chloralée au centième. D'après lui, le chloral, tout en étant antiseptique, n'est pas suffisamment désinfectant.

Nous ne croyons cependant pas que cette adjonction d'eucalyptol soit absolument nécessaire, vu les nombreuses circonstances où la désinfection complète est obtenue avec les solutions simples de chloral. Citons l'observation XIV : le bras de cette femme répandait une odeur infecte, malgré les bains d'eucalyptol. L'odeur cessa dès que l'on fit usage de compresses imbibées d'une solution chloralée. L'observation suivante du Dr Ortéga (4) prouve du reste, d'une façon palpable, la propriété désinfectante du chloral.

(1) Bulletin de thér. De la valeur de la ponct. aspir. dans le trait. des kystes hydat., 25 févr. 1873.

(2) Contribution à la statistique du traitement de la pleurésie. Société médicale des hôpitaux, 23 janvier 1874.

(3) Rem. M. Martineau a remarqué que l'on peut injecter des quantités énormes de chloral dans la plèvre, sans produire d'effet toxique. M. Beaumetz a fait la même remarque à propos des kystes.

(4) Bulletin de thér., 1876, 1er sem., p. 173.

OBSERVATION XVI.

Un homme fort et vigoureux, âgé de 30 ans, travaillant à la manufacture de glaces de Saint-Gobain, nous raconte qu'il eut les pieds congelés à Paris, en 1867. Quelque temps après, il commence à avoir des sueurs abondantes des pieds. Ces sueurs devinrent plus tard fétides, surtout en été. Au bout de trois ans, l'odeur devint si intense qu'avant de se coucher avec sa femme, il prenait un bain de pieds et s'enveloppait les pieds d'une serviette. Dans les derniers temps, l'odeur devint insupportable, et ses camarades d'atelier ne voulaient plus rester à côté de lui; il était un objet de répulsion pour tout le monde. Entrait-il dans une chambre: on ouvrait immédiatement les fenêtres. Il consulta plusieurs médecins, sans succès. A mon inspection, l'épiderme était blanc, comme macéré; au niveau des sillons siégeaient de petites ulcérations, ainsi qu'autour des ongles. L'odeur qui se dégageait était si infecte que je ne pus pousser l'exploration plus loin; l'odeur resta quelque temps dans la chambre, les meubles en paraissaient imprégnés. Des lavages avec la solution au 1/100 et l'application de compresses imbibées de la même solution firent cesser l'odeur et favorisèrent la cicatrisation des ulcérations. Je ne revis pas le malade au delà du sixième jour du traitement.

§ VI. — *Urines ammoniacales.*

MM. Dujardin-Beaumetz et Hirne ont prouvé dans leur mémoire de 1873, que les solutions de chloral mettaient obstacle aux altérations ultérieures de l'urine. Plus tard, M. Beaumetz (1) signalait aux praticiens, sans pourtant avoir de preuves à l'appui, les bons effets que l'on pourrait retirer de l'injection de solutions chloralées dans la vessie, dans les cas d'urines ammoniacales, pour empêcher la fermentation et faire cesser les douleurs vésicales.

L'année suivante, M. Desnos mit ce conseil en pratique dans son service de la Pitié; il obtint deux résultats

(1) Bulletin de thér., 30 juillet 1873.

satisfaisants. M. Coignard en rend compte dans sa thèse.

Cette question intéressante à plus d'un titre, mérite d'être approfondie. Le temps ne nous a malheureusement pas permis d'y consacrer le temps nécessaire. Nous ne pouvons qu'indiquer cette méthode qui, dans bien des circonstances, permettra, sans danger pour le malade, de s'opposer aux accidents terribles auxquels les altérations de l'urine dans la vessie exposent les malades.

CHAPITRE III.

ACTION SÉDATIVE LOCALE.

MM. Horand et Puech ont mis en lumière cette précieuse propriété, dans un mémoire cournoné en 1872 par l'Académie de médecine de Lyon. Les observations qu'ils ont publiées à ce sujet ne laissent aucun doute dans l'esprit, et répondent du premier coup à une objection qui se présente tout d'abord à la pensée : n'est-ce pas en pénétrant dans le torrent circulatoire et en agissant par conséquent sur l'organisme tout entier, que le chloral, appliqué sur les plaies, fait diminuer la douleur? Dans les divers cas que les médecins ont fait connaître, l'application d'un gramme de chloral sur lesplaies douloureuses, ou sur la surface dénudée de la peau, au niveau de la douleur, calma presque instantanément des malades chez lesquels le chloral à l'intérieur, et à forte dose, était resté complètement impuissant.

L'observation suivante, empruntée au mémoire de

MM. Horand et Puech, montre dans tout son jour cette action remarquable.

Observation XVII.

Tumeur blanche du coude droit, s'accompagnant de douleurs intenses et d'insomnie. — Persistance des douleurs, malgré l'emploi des vésicatoires, de la morphine et du chloral à l'intérieur. — Soulagement prompt et durable par l'application du chloral sur les plaies.

Léonie V..., âgée de 17 ans, d'un tempérament scrofuleux, est affectée à la fois d'adénites suppurées du cou et d'une tumeur blanche du coude droit. Cette articulation est volumineuse, déformée et la tuméfaction s'étend jusque sur l'avant-bras. Au toucher, qui d'ailleurs est très-douloureux, on sent des points ramollis, fongueux, mais pas de véritables fluctuations. Le moindre mouvement articulaire provoque des douleurs intenses, et de plus, l'articulation est le siége d'élancements qui privent la malade de sommeil, et lui arrachent même des larmes.

C'est en vain que, pour calmer les douleurs, on fait usage des cataplasmes de farine de lin, de la pommade mercurielle belladonée. On pratique deux incisions, et on applique deux vésicatoires sur l'articulation, l'un le 30 mai 1871, et l'autre le 6 juin. En même temps que ce second vésicatoire, on fait prendre chaque jour une potion avec 2 gr. de chloral, et le 9 juin on porte la dose de ce médicament à 3 grammes.

Le 16 juin. Les douleurs persistent avec la même intensité, on applique un nouveau vésicatoire, et on continue l'usage du chloral à la dose de 3 grammes.

Le 27. La souffrance n'a été diminuée ni par le vésicatoire ni par le chloral qui détermine seulement un peu de somnolence. On supprime ce médicament, et on applique un petit vésicatoire que l'on panse pendant deux jours de suite, matin et soir, avec 2 centig. de chloryd. de morph., mais sans obtenir de soulagement.

Le 4 juillet. L'état de la malade est toujours le même. Elle garde le lit, veut à peine se laisser examiner, tant elle redoute qu'on la touche, et ne peut faire le moindre mouvemant sans éprouver de vives souffrances. Depuis plusieurs jours, elle ne repose pas la nuit et a perdu l'appétit. La tuméfaction de l'articulation est toujours considérable, et les deux plaies produites par les incisions ne donnent issue qu'à de la sérosité purulente. Espérant que le chloral sera absorbé par la plaie et produira alors une sédation locale, nous appliquons 1 gr. de cette substance dans une des plaies, en la recouvrant ensuite d'un morceau de diachylon. A peine le chloral est-il appliqué que la malade éprouve une sensation de cuisson plus vive que celle que produit la morphine, et qui dure deux heures environ ; mais immédiatement après, les douleurs articulaires diminuent à un tel point que la malade passe une bonne nuit.

Le 5. La malade n'éprouve plus d'élancements et ne souffre que lorsqu'elle remue le bras. La plaie, sur laquelle le chloral a été déposé, est recouverte d'une eschare grisâtre, molle, humide et d'un millimètre d'épaisseur. Nous appliquons 1 gr. de chloral sur l'autre plaie.

Cette seconde application est aussi douloureuse que la première, et le chloral produit également une eschare à la surface de la plaie. Quant au soulagement, il l'augmente d'une manière sensible. Le bras est moins lourd, par suite de la diminution de l'engorgement de l'articulation, et de plus, la malade peut le soulever et lui imprimer des mouvements assez étendus sans éprouver de douleur. En outre, elle a recouvré le sommeil et un peu d'appétit.

Le 6. Nouvelle application d'un gr. de chloral sur la première plaie dont l'eschare s'est détachée.

Cette application est moins douloureuse que les autres et complète le soulagement, en sorte que la malade n'éprouve plus de souffrances que dans les mouvements brusques ou étendus de l'articulation ; elle se lève et mange avec appétit.

A partir de ce moment, nous suspendons l'usage du chloral, mais nous continuons à observer la malade, et nous pouvons nous convaincre de la persistance des effets obtenus au moyen de son emploi en applications externes.

La propriété sédative locale du chloral avait déjà été reconnue en 1871 par un médecin anglais, le Dr David (1). Ce dernier avait en effet obtenu d'excellents résultats dans la carie dentaire. Quelques grains d'hydrate de chloral, portés dans la cavité d'une dent cariée douloureuse, ne tardèrent pas à rendre le calme aux personnes

(1) Bulletin de thérap., 2e semestre 1871, p. 527 (*Bristish médical Journal*).

les plus tourmentées. Un léger sentiment de cuisson, très-supportable, suivait cette application.

Le prurit, si incommode et souvent si atroce de certaines affections cutanées, cède facilement aux lotions chloralées. Nous avons vu précédemment que M. Martineau a fait diminuer et même disparaître complètement les démangeaisons du pityriasis capitis, dès les premières applications. Le même phénomène bienfaisant s'est produit dans le cas d'eczéma chronique que nous rapportons : obs. VIII.

M. Vidal (1) met depuis plusieurs années déjà le chloral en usage contre les affections prurigineuses de la peau, spécialement le lichen et l'eczéma. Il emploie la solution au cinquantième, et s'en sert de la façon suivante ; il fait lotionner et saupoudrer d'amidon, immédiatement après, le siége du prurit ; ou bien il fait envelopper les parties malades de compresses imbibées de la solution et recouvrir le tout de taffetas gommé pour empêcher l'évaporation.

M. Martineau (2) a fait connaître, à la Société médicale des hôpitaux, l'observation d'un malade phthisique atteint d'ulcération tuberculeuse de l'anus et de la fesse gauche. Cette ulcération affectait la peau, était consistante, assez souple, ne reposait pas sur un tissu induré, mais était excessivement douloureuse, et le gênait considérablement pendant la défécation. Il fit appliquer, sur la surface de la plaie, des tampons de charpie imbibés de la solution chloralée au centième, et le soulagement ne tarda pas à se manifester. M. Martineau ajoute que, sous l'influence de ce pansement, la plaie parut d'abord

(1) Coignard. *Loc. cit.*, p. 39.

(2) *Bulletin* de la Société médicale des hôpitaux, 28 mai 1874.

se modifier et se couvrir de bourgeons charnus, mais momentanément seulement; on ne pouvait espérer obtenir la cicatrisation d'une pareille lésion.

Le Dr Gille (1) a rapidement fait cesser les démangeaisons occasionnées par le prurit vulvaire, en ordonnant des lotions répétées avec la solution au dixième.

Dans la cystite et la prostatite, l'eau chloralée en injection peut avoir une action sédative marquée. Le même résultat peut être obtenu au moyen de suppositoires au chloral. La quantité de médicament par suppositoire ne doit pas dépasser 25—50 centigr., lorsqu'on ne veut que calmer la douleur. On a fait des suppositoires contenant jusqu'à 3 gr. de chloral, mais alors c'était pour obtenir une action hypnotique. L'irritation produite par des quantités aussi fortes de ce médicament peut être très-considérable, et causer une vive douleur dans la vessie, le rectum, l'urèthre, l'anus.

M. Constantin Paul (2) a vu l'hydrate de chloral calmer les douleurs de la sciatique rebelle, momentanément du moins, à la condition de l'employer comme il suit : on fait une incision profonde de la peau au niveau d'un foyer douloureux, puis on bourre cette plaie de cristaux de chloral.

Enfin, les praticiens ont trouvé dans le chloral un médicament précieux pour le traitement des carcinomes, et spécialement des carcinomes utérins. Dans ces affections, le chloral agit par ses trois propriétés : sédative locale, hémostatique et antiputride.

Les atroces douleurs du cancer, qui mettent les mal-

(1) *Journal de thér.*, n° 3, p. 3, 1876.
(2) *Journal de thér.*, 1874, p. 106.

heureuses malades à la torture, cèdent le plus souvent à l'emploi du chloral; les hémorrhagies, dont la tumeur est le siége, s'arrêtent, et la mauvaise odeur disparaît.

Pour panser les carcinomes utérins, on introduit, au contact de la tumeur, des tampons de charpie imprégnée de la solution. On peut aussi saupoudrer les tampons de poudre d'hydrate de chloral, ou bien enfin introduire dans le vagin des suppositoires contenant 50 centigr. ou au plus 1 gr. de chloral. On a vu des malades, que des doses considérables de morphine ne parvenaient pas à calmer, dormir toute la nuit par ces moyens.

M. Martineau (1) a lu, à la Société de thérapeutique, l'observation d'une femme atteinte d'un vaste cancer du sein repullulant, qui avait atteint la paroi thoracique et même le poumon. La plaie fut remplie de bourdonnets de charpie trempés dans une solution au 1/25. Après trois jours, la plaie était devenue rouge, bourgeonnante, non fétide, et les hémorrhagies dont elle était le siége, supprimées. La douleur avait disparu.

Nous terminons notre travail en citant l'observation suivante d'une malade du service de M. Martineau (2).

Observation XVIII.

Chez une femme de 60 ans, couchée salle St-Joseph, n° 5, et depuis cinq mois atteinte de cancer utéro-vaginal, les hémorrhagies étaient presque continuelles, les douleurs intenses, l'odeur de l'écoulement extrêmement fétide.

Contre l'odeur, M. Martineau avait l'intention d'employer l'essence

(1) *Gaz hebdom.*, 6 févr. 1874.
(2) *Gaz. des Hôpitaux*, 6 juin 1874, p. 515.

d'eucalyptus. Mais ce moyen ne calme ni les pertes, ni les douleurs. Il fallait donc essayer autre chose pour rendre supportables les derniers jours de vie de cette femme.

M. Martineau songea au chloral, en solution assez concentrée : 4 gr. pour 100 gr. d'eau. Il fit introduire, matin et soir, dans le vagin, trois tampons d'ouate superposés, imbibés de cette solution et arrosés d'essence d'eucalyptus. En outre, il fit faire à plusieurs reprises, dans la journée et dans la nuit, des injections de ce même mélange derrière les tampons d'ouate, afin de les imbiber de nouveau, autant que possible.

Le résultat fut vraiment très-bon. Depuis près d'un mois que ce moyen est mis en usage, les douleurs ont notablement diminué, les les pertes sanguines ont disparu, enfin l'ichor a moins d'odeur.

Dans l'observation qui précède, nous voyons encore M. Martineau employer l'alcoolé d'essence d'eucalyptus, afin d'obtenir un effet désinfectant plus considérable. Nous nous sommes déjà expliqué à ce propos dans le chapitre précédent ; nous croyons, avec M. Dujardin-Beaumetz, que le chloral est suffisamment désinfectant par lui-même, et que les solutions, employées en suffisante quantité, détruisent les odeurs sans exiger l'aide d'un autre agent.

D'après ce que nous venons de voir, il est facile de se rendre compte des services inestimables que le chloral peut rendre dans le traitement du cancer utérin. Aucun moyen curatif n'est possible dans une affection aussi impitoyable ; tout l'art du chirurgien doit donc consister à instituer une médication symptomatique. Il faut soulager la douleur ; or, il est avéré que le chloral, surtout à l'état de suppositoires, est capable de rendre le calme à des personnes chez lesquelles des quantités considérables de morphine avaient été inutilement prodiguées. Il faut mettre obstacle aux hémorrhagies ; les moindres pertes pouvant entraîner la terminaison fatale chez des malades profondément anémiées : l'action coagulante du chloral arrête les hémorrhagies. Enfin, il faut tâcher de modifier la surface ulcérée de la plaie cancéreuse, et faire disparaître la fétidité de l'écoulement : le chloral est encore là pour répondre à cette indication.

Les solutions employées doivent avoir un certain degré de concentration; cependant, une concentration excessive pourrait causer une irritation trop considérable. Certaines personnes sont très-susceptibles à l'action caustique des solutions chloralées. M. Vallin, professeur au Val-de-Grâce, nous a cité une personne de sa clientèle dont il soigne un cancer : la solution au 5/100, causait à cette malade une irritation insupportable. A plus forte raison faut-il se mettre en garde contre les accidents si l'on se sert de tampons imprégnés de poudre d'hydrate de chloral; peut-être vaudrait-il mieux, dans ces cas, employer la poudre de métachloral.

Nous terminons ici notre travail; il est loin d'être complet. Nous regrettons de laisser derrière nous tant et de si grandes lacunes.

QUESTIONS

SUR LES DIVERSES BRANCHES DES SCIENCES MÉDICALES.

Anatomie et histologie. — Appareil génito-urinaire.

Physiologie.—Des mouvements et des bruits du cœur.

Physique. — Usage thérapeutique des courants induits.

Chimie. — Caractères génériques des nitrates; préparations et propriétés des nitrates de potasse, de baryte de bismuth, de mercure et d'argent.

Histoire naturelle. — Des fruits, leur structure, leur classification. Quels sont les fruits employés en médecine?

Pathologie externe. — Diagnostic et classification des calculs urinaires.

Pathologie interne. — De la syphilis congénitale.

Pathologie générale. — Des hydrophlegmasies.

Anatomie et histologie pathologiques. — De l'hydrocéphale.

Médecine opératoire. — Des divers procédés de trachéotomie.

Pharmacologie. — Des préparations pharmaceutiques qui ont pour base les amandes douces et amères et le laurier-cerise. Etude comparée des eaux distillées de laurier-cerise, d'amandes amères et de l'acide cyanhydrique médicinal.

Thérapeutique. — Des médicaments sudorifiques.

Hygiène. — De l'établissement des voiries.

Médecine légale. — A quels signes distingue-t-on le suicide de l'homicide ?

Accouchements. — Des grossesses gémellaires.

Vu : le président de la thèse,
BROCA.

Permis d'imprimer
Le vice-recteur de l'Académie,
A. MOURIER

www.ingramcontent.com/pod-product-compliance
Ingram Content Group UK Ltd.
Pitfield, Milton Keynes, MK11 3LW, UK
UKHW031942260826
14628UKWH00004B/1787

9 782019 722685